DE LA
CERTITUDE
DES
CONNOISSANCES
HUMAINES,
OU
EXAMEN
PHILOSOPHIQUE

DES DIVERSES PRÉROGATIVES
DE LA RAISON ET DE LA FOI;

Avec un Parallele entre l'une & l'autre:
Traduit de l'Anglois, par F. A. D. L. V.

A LONDRES,
Chez WILLIAM ROBINSON,
M. DCC. XLI.

PREFACE.

IL y a long-tems que la Théologie & la Philosophie disputent entre elles de l'Empire. Il s'agit de savoir qui sera la Reine ou la Sujette, qui donnera des loix ou qui les recevra. La chose est de conséquence, comme on voit, tant par raport aux deux Rivales, que par raport à leurs différens Sectateurs ou Partisans. Divers Auteurs ont soutenu avec Chaleur les Intéréts de l'une ou de l'autre. Il s'en est trouvé aussi plusieurs, qui ont voulu faire ici le personnage de Médiateurs, & qui ont entrepris de les réconcilier ensemble, & de moïenner quelque accord entre elles ; mais la plûpart se sont conduits dans cette affaire avec partialité. Ils ont trop extenué les Priviléges de l'une, afin de pouvoir mieux relever ceux de l'autre. C'est de quoi je me suis aperçû en revoïant les pièces de ce grand procès. J'ai trouvé qu'une grande partie de ces prétendus Juges, ou Arbitres, n'ont pas tenu la balance égale, & qu'ils l'ont fait un peu trop pancher du coté de la partie qu'ils vouloient favoriser. La chose n'est pas étonnante après tout, lorsque l'on considére qui étoient ceux qui se sont entremis de cet accord ; c'ont été pour la plûpart des Nourrissons & des Eleves de la Sainte Théologie, Gens qui

*

lui devoient leur rang, leur autorité, & leurs revernus, ou leurs penſions. Quelle merveille donc qu'ils aïent combatu pour les intérêts de leur chere Reine & Maitreſſe, & qu'ils aïent élevé ſon autorité le plus haut qu'ils ont pu! Mais, quelque conſideration que j'aïe pour leur merite & leurs bonnes intentions, ils me permettront néanmoins d'avoir encore plus d'attachement pour ce que je crois être le parti de la juſtice & de la vérité. Il me ſemble donc qu'ils ont un peu trop maltraité la Philoſophie ou la Raiſon, (car c'eſt ici la même choſe) dans les jugemens qu'ils ont porté ſur le différent dont il s'agit, & qu'ils l'ont quelquefois voulu priver de ſes juſtes Prérogatives. C'eſt ce qui nous a engagés à prendre en main ſa défenſe par le preſent Traité. Nous y avons travaillé, ſelon la mediocrité de nos forces, à la maintenir, ou à la retablir, dans ſes Droits légitimes: Droits, qu'on ne ſauroit lui conteſter ſans ignorance, ou ſans injuſtice, comme nous eſpérons le faire voir clairement dans la ſuite.

En attendant, nous remarquerons toûjours par avance, qu'un des grands Priviléges de la Raiſon, & en même tems un de ſes plus indiſpenſables devoirs, eſt de guider la Foi, & de lui montrer la route qu'elle doit ſuivre; car, ſi la Foi n'eſt conduite par la Raiſon, il eſt

évident

PREFACE.

évident qu'elle ne peut être qu'une perſuaſion téméraire & une aveugle crédulité. Or il n'y a point d'opinions ſi extravagantes, ni d'erreurs ſi monſtrueuſes, qui ne puiſſent s'introduire par ce moïen. C'eſt ce que l'experience de tous les ſiécles ne confirme que trop; car pourquoi les hommes ont-ils adopté des opinions ſi abſurdes, des cérémonies & des pratiques ſi bizarres, en fait de Religion? N'eſt-ce pas à cauſe de ce Principe dont ils étoient imbûs, ſavoir, qu'il ne faloit pas écouter la Raiſon ſur ces ſortes de choſes? Là-deſſus ils ont lâché la bride à toutes leurs fantaiſies, & ils ont donné, tête baiſſée, dans les ſuperſtitions les plus affreuſes.

Le ſeul remede à ces inconveniens eſt de conſulter les Lumiéres de la Raiſon, pour aprendre d'elle quelles ſont les Autorités que nous devons recevoir, & quand nous devons y déferer, ou les rejetter; car on ne peut nier que ce ne ſoit à la Raiſon à decider là-deſſus. En effet, ſi on ſuppoſoit qu'il n'apartient pas à la Raiſon d'examiner les Autorités, ni de prononcer quand nous devons nous y ſoûmettre ou non, il s'enſuivroit de-là que toutes les Autorités ſeroient également recevables, & que chacun ſeroit en droit d'embraſſer & de défendre celle qu'il lui plairoit; de ſorte qu'on ne pourroit avec juſtice blâmer ni condamner perſonne,

sonne, quelque Système de Morale ou de Religion qu'il suivît de tous ceux qui ont quelque vogue dans le Monde. Il est donc incontestable que c'est à la Raison qu'il apartient de juger du poids & de la valeur de chaque Autorité. C'est à cette pierre de touche que nous devons les éprouver, afin de discerner si elles sont de bon alloi, c'est-à-dire, si elles sont bien ou mal fondées, si ce qu'elles enseignent est bon ou mauvais.

MAIS rien ne montre plus clairement la nécessité qu'il y a de ne se soûmettre à quelque Autorité que ce soit, sans l'avoir dûment examinée, que ce qu'on remarque tous les jours dans le Monde. En effet, on y voit que presque tous les hommes prétendent appuyer leurs Opinions, en matiere de Foi, & de Religion, sur des Autorités sacrées & inviolables: Autorités néanmoins, qui sont toutes contraires & opposées les unes aux autres, du moins en ceci, que chacune en particulier condamne tous ceux qui ne lui adhérent point. Le Juif, par exemple, se croit incapable d'errer, en ce qu'il suit le Vieux Testament, qu'il dit être la seule Régle infaillible de la véritable Religion. Le Chrétien ne s'assûre pas moins d'être dans le Chemin de la Vérité, en s'attachant aux Ecrits des Evangelistes & des Apôtres. Le Mahometan présume aussi la même chose de son

Al-

PREFACE.

Alcoran; & le Païen a la même opinion des
Oracles, des Livres des Sibilles, &c.
Quel parti prendrai-je? Tous ces Livres contiennent certaines choses également extraordinaires, & qui ne se prouvent pas assez par la
simple Relation qu'ils en font. Chacun pourtant se dit avoir les Livres infaillibles, & les
appuye par l'Autorité de son Eglise & de ses
Traditions. Et que le Chrétien ne s'avise pas
de dire que sa Tradition est la plus ancienne
& la plus universelle; car le Juif le surpasse
évidemment dans le premier chef, & le Païen
dans tous les deux.

Dans cette diversité de Voies, faut-il que
je demeure en suspens sans embrasser aucune
Religion, ou suis-je obligé d'en embrasser
une? Si l'on veut que j'en choisisse quelqu'une
de toutes celles qui sont dans le Monde, je demanderai si je dois consulter ma Raison pour
faire ce choix, ou si je dois embrasser aveuglément la premiere venuë, ou celle dans laquelle
j'ai été élevé par mes parens, ou enfin celle
qui est la plus accréditée parmi ceux avec qui je
vis, & dans le païs ou je me trouve. Belle
demande, me répondra-t-on! Et qui doute
que ce choix n'apartienne à la Raison, &
qu'il n'en faille sur-tout faire usage en pareille
rencontre? Mais, en parlant de la sorte, on
m'accorde ce que je veux, & on convient que

je

PREFACE.

je ne dois embrasser une Religion qu'après l'a-
voir mûrement examinée, & que lorsque ma
Raison me dicte que les preuves, qui en éta-
blissent la Verité, sont assez solides pour me
rassûrer contre toute crainte légitime de me
tromper.

La verité est, qu'il n'y a personne qui ose
disconvenir de ce principe, quand il est proposé
de la sorte. On trouvera encore moins d'hommes qui veuillent avouër qu'ils croient une chose
sans raison, tant ils sentent & sont interieurement convaincus qu'une pareille Foi est indigne
d'une Créature raisonnable. Cela n'empeche
pourtant pas qu'il ne soit vrai à la Lettre que
plus des trois quarts & demi des hommes ne
se determinent aux choix de leurs Opinions, sur-
tout en matiere de Religion, que par des motifs que la Raison condamne, puisqu'ils peuvent aussi bien conduire à l'erreur, qu'à la vérité. En effet, combien y en a-t-il qui n'ont
embrassé, & qui ne suivent, une telle Religion,
que parcequ'ils y ont été élevés, que c'est celle que
professent leurs Parens & leurs Amis, & qui
de plus est communément reçuë dans le païs de
leur naissance? La plupart n'en demandent pas
davantage pour se déterminer. Un tel sentiment a été attesté par la vénérable Antiquité,
se dit-on à soi-même, il est venu jusqu'à moi
sous le passeport des Siécles précédens, je ne

cours

PREFACE.

cours donc aucun risque en le recevant. Un
grand nombre d'autres Personnes ont été &
sont de cette Opinion. Parmi ce grand nombre
de Personnes, il s'y est trouvé, & il s'y trouve encore, d'honnêtes Gens, des Gens de tête
& savans. Je ne puis donc errer en suivant
les mêmes Opinions qu'eux. Voila ce qu'on dit
pour s'autoriser.

M A I S, un homme seroit tout aussi-bien
fondé à jetter à croix ou à pile, pour savoir
quelles Opinions il doit embrasser qu'à les choisir
sur de telles régles; vû qu'il n'y a point d'erreurs si grossieres, ni de sentimens si absurdes, qu'on ne pût adopter sur de pareils fondemens. Celui qui croit une chose, sans avoir
d'autres raisons, que celles-là, de la croire,
peut être fort attaché à son Opinion; mais il
„ n'est pas vrai, dit un grand Philosophe
„ de notre siécle *, qu'il cherche la vérité
„ dans l'esprit qu'il la doit chercher, ni qu'il
„ rende une obéïssance légitime à son Maître,
„ qui voudroit qu'il fît usage des Facultés de
„ discerner les objets, desquelles il l'a enrichi
„ pour le préserver des méprises & de l'erreur.
„ Celui qui ne les emploïe pas à cet usage,
„ autant qu'il est en sa puissance, a beau
„ voir quelquefois la Vérité, il n'est dans le

* 5   „ bon

* *Locke*, Essai Philosoph. sur l'Entendement
Humain, Livr. IV. Chap. XVII.

,, bon chemin que par hazard, & je ne fai
,, fi le bonheur de cet accident excufera l'irré-
,, gularité de fa conduite. Ce qu'il y a de
,, certain au moins, c'eft qu'il doit etre comp-
,, table de toutes les fautes où il s'engage;
,, au lieu que celui qui fait ufage de la Lu-
,, miere & des Facultés que Dieu lui a don-
,, nées, & qui s'applique fincerement à decou-
,, vrir la Vérité, par le fecours & l'habileté
,, qu'il a, peut avoir cette fatisfaction, en
,, faifant fon devoir comme une Créature rai-
,, fonnable, qu'encore qu'il vint à ne pas ren-
,, contrer la Vérité, fa recherche ne laiffera
,, pas d'être récompenfée. Car, celui-là régle
,, toujours bien fon affentiment, & le place
,, comme il doit, lorfqu'en quelque cas ou fur
,, quelque matière que ce foit, il croit ou re-
,, fufe de croire, felon que fa Raifon l'y con-
,, duit. Celui qui fait autrement péche
,, contre fes propres lumieres, & abufe de
,, fes Facultés, qui ne lui ont été données pour
,, aucune autre fin que pour chercher & fui-
,, vre la plus claire évidence & la plus
,, grande probabilité. ,,

MALGRÉ la force & la folidité de ces
Réflexions, il n'eft pas rare néanmoins d'entendre des Théologiens des différens partis dé-
clamer patétiquement contre la Raifon, foûte-
nir que c'eft une Lumiere trompeufe, qu'il

faut

PREFACE.

faut s'en défier, sur-tout en matiere de Théologie & en ce qui concerne la Religion. Mais
pourquoi décrier si fort une Faculté qui distingue l'homme de la bête, Faculté sans laquelle
nous serions incapables de reconnoître un Dieu,
ni de lui rendre aucun culte? Quel peut être
leur but en cela? Est-ce afin d'établir plus
aisément les Dogmes qu'il leur plaira d'inven-
ter, ou pour se mettre à couvert des Objections
incommodes que l'on fait contre ceux qu'ils ont
déjà établis, & qu'il est de leur intérêt de
défendre pour la conservation de leur honneur
& de leur autorité? Ou bien ont-ils peur qu'en
se servant de sa Raison, on ne decouvre leurs
Sophismes & leurs mauvais Raisonnemens?
C'est ce que je laisse à juger aux Personnes des-
intéressées. Pour moi, je me contente de leur
demander si c'est l'usage de la Raison, en tout
ce qui concerne la Religion, qu'ils condamnent,
ou s'ils n'en condamnent que l'abus? S'ils n'en
veulent qu'à l'abus qu'on en fait en cette matiére, il s'agit seulement de la rectifier, & de
lui prescrire de bonnes Regles, pour l'empêcher de
s'égarer & de tomber dans l'erreur. Mais, s'ils
en condamnent absolument l'usage sur ce sujet,
qu'ils nous apprennent en ce cas-là par quelle voie
nous pourrons nous convaincre de l'existence de
Dieu, de la Divinité de la Religion Chrétienne,
de celle de l'Ecriture, & enfin du sens dans
lequel

lequel nous devons entendre les Ecrits Sacrés, s'il ne faut point consulter ni écouter la Raison sur ces sortes de matiéres? Il me semble pour moi qu'il n'y a point d'autre moïen de nous convaincre légitimement de toutes ces choses, que la voie du raisonnement.

DIEU nous a créez raisonnables, avant que de nous rendre Chrétiens. La Révélation, qu'il nous adresse, suppose que nous sommes doüés de Raison, & que nous en faisons usage. Car pourquoi, sans cela, auroit-il accompagné la Religion, qu'il nous a revelée, de tant de preuves & de caractéres qui en montrent l'origine céleste? N'est-ce pas afin que nous puissions nous y soûmettre raisonnablement, & nous assûrer qu'elle vient de lui? Sa Parole, qu'il nous a laissée dans les Ecrits des Prophetes & des Apotres, ne suppose-t-elle pas, qu'il y a chez nous quelque Faculté capable de l'entendre, & d'en discerner le véritable sens? Or quelle peut être cette Faculté, si-non ce que nous appellons la Raison? Si l'on suppose donc qu'elle est incapable de nous éclairer sur ce qu'il nous importe le plus de connoître, nous n'avons plus de régles sûres, ni de principes certains. Il faudra que ce soit la fantaisie qui nous tienne lieu de Loi.

IL est donc évident que tous les coups, par lesquels on s'efforce de terrasser la Raison,

re-

PREFACE.

retombent ſur la Religion & ſur la Morale ;
& , ſi heureuſement ce n'étoient des coups en
l'air , ils renverſeroient tous les principes de la
Vertu.

Voila` la belle Obligation qu'on a à un cer-
tain ordre de Théologiens qui croïent faire des mer-
veilles en criant contre la Raiſon. Ils ouvrent
par-là la porte au Fanatiſme. Ils nous enlevent
tous les argumens par leſquels on prouve la vérité
de la Religion naturelle & celle de la Religion
Chrétienne , & les dépouillent , du moins autant qu'il eſt en eux , de toute leur force. Enfin , ils livrent honteuſement & ſans défenſe la
Religion aux Inſultes des Libertins & des Incrédules , & préviennent étrangement les eſprits contre elle. Car n'eſt-il pas naturel de
penſer que la Religion ne s'accorde guéres avec
la Raiſon , puiſque celle-ci eſt ſi ſuſpecte aux
Miniſtres de la premiere. Il y a donc une
eſpèce de Théologie à laquelle l'Incrédulité a
beaucoup d'obligation.

En effet, on ſe retranche par-là , non ſeulement les moïens de convertir les Incredules &
les Libertins , mais on en augmente le nombre
par le ſoin que l'on prend d'établir des maximes qui renverſent tous les fondemens de la
Religion naturelle & révélée. N'eſt-il pas
triſte de voir que ceux , qui devroient en être les
appuis & les défenſeurs , fourniſſent ainſi des
ar-

armes pour la combattre? Et qu'est - ce qui les oblige à en user de la sorte? C'est une aveugle prévention, & un faux zéle, pour certains dogmes qu'il leur plait de trouver dans l'Ecriture expliquée & commentée à leur façon. Voilà pourquoi l'on décrédite le plus que l'on peut la certitude de tout ce que nous apprend la Lumiere naturelle; par ce que l'on voit bien qu'il n'y a point moïen de maintenir ces Dogmes, qu'en établissant pour principe l'incompetence de la Raison à juger de la vérité ou de la fausseté d'une Doctrine en matière de Théologie.

MAIS, comment ces Gens-là s'y prendroient-ils pour convertir un Incrédule, ou un Infidele, soit Païen, Mahometan, ou Juif? Il faudroit sans doute les faire convenir de quelques principes, & de ces principes en tirer des consequences, c'est-à-dire, qu'il faudroit avoir recours à la voie du raisonnement. Mais, si cet Incrédule, ou cet Infidele, connoit le principe favori de son Convertisseur, il l'arrêtera sans peine, & dissipera tous ses argumens par ce seul mot: Je demeure d'accord que tout ce que vous me dites est plausible : il est évident même, si vous le voulez; mais n'avouëz-vous pas vous-même, que la voie du raisonnement est une voie incertai-

ne:

ne, & que ce qui paroit le plus évident peut être faux? Ne dites-vous pas que la Raison est aveugle sur les choses de la Religion? Comment pretendez-vous donc que je m'y fie sur cette matiere? De quel droit voulez-vous que je me soûmette à un Juge que vous recusez vous-même? *Qu'est-ce que notre Théologien Anti-Rationaliste pourroit répliquer à ce raisonnement?*

Tout cela fait voir qu'on ne peut révoquer en doute la Certitude des Connoissances qui nous viennent par la Raison & par les Sens, sans ruiner absolument celle de la Foi. C'est ce que nous nous proposons de montrer plus amplement dans ce Traité, où nous prouverons que la Foi suppose nécessairement plusieurs Vérités qui nous sont connuës par la Lumiere de la Raison ou par le raport des Sens, & qu'ainsi la Foi ne peut avoir de fermeté, si nous ne pouvons nous assûrer de rien, soit par les Sens, ou par la Raison. Nous tirerons de-là plusieurs conséquences, qui peuvent être d'un grand usage dans la Théologie, & qui pourront servir de principes à ceux qui voudront en profiter pour se conduire dans les jugemens qu'ils se trouveront obligés de porter sur les matiéres qui regardent la Religion; car, il n'est permis à personne de rester indifferent, ou de se

PRÉFACE.

tenir neutre sur cet Article, il faut ici nécessairement prendre parti d'une maniere ou d'une autre. Or, qu'y a-t-il de plus imprudent, que de se déterminer à l'avanture sur une affaire de cette consequence, & que de faire choix d'un parti sans avoir mûrement consideré & pesé les raisons de part & d'autre? N'est-il pas visible qu'on ne peut entreprendre de juger d'une chose, qu'on n'a pas assez examinée pour en bien connoître, sans s'exposer à l'erreur & à toutes les suites qu'elle peut avoir? Pour contester ce Principe, il faudroit renoncer aux plus simples Lumieres du Sens-Commun. On est donc indispensablement obligé de s'instruire, du moins autant qu'il est possible, des sentimens qu'on doit avoir touchant la Divinité & la Révélation. La seule Lumiere naturelle suffit pleinement pour convaincre tout homme qui raisonne, que l'indifference ou même la négligence à cet égard ne peut manquer d'être criminelle. La même Lumière nous enseigne encore clairement que nous ne devons recevoir aucune Proposition comme véritable sur cette matiere, à moins que nous n'y soïons déterminés par des raisons fortes, solides, & même évidentes, autant que cela se peut; parce qu'il est d'une extrême consequence pour nous de ne pas nous tromper, du moins par notre faute, dans les jugemens

que

PREFACE.

que nous portons sur un sujet si grave & si important.

La plûpart des Chrétiens croïent, par exemple, qu'on ne peut espérer de Salut éternel, que dans la Société où ils se trouvent, ou du moins qu'il est bien plus difficile de se sauver ailleurs. Avant que de juger de la sorte dans une affaire de cette importance, il faudroit être bien assûré qu'on ne se trompe point; & comment en être assûré, sans avoir fait de grandes & de fréquente Réflexions sur la Religion, & sans y avoir aporté beaucoup d'attention, & d'étude?

Malgré l'évidence de ces principes, il n'est que trop vrai cependant, que, de toutes les affaires de la Vie, il n'y en a presque point où les hommes se conduisent plus etourdiment, & où ils donnent plus au hazard, que lorsqu'il s'agit de faire choix d'une Religion. L'experience nous convainc tous les jours, qu'il y a très-peu de Personnes qui s'avisent de délibérer serieusement là-dessus, & encore moins d'être sur leurs gardes contre l'erreur de ce côté-là. On ne suit pour l'ordinaire en ce choix qu'un très-mauvais guide, & dont la Raison voudroit qu'on se defiât extrêmement: je veux dire le Préjugé de l'Education. La chose, après-tout, n'est pas fort étonnante, lorsque l'on considere la maniere, dont on éle-

* *

ve les Enfans dans chaque Communion ou Société. En effet, on n'ômet rien pour les attacher fortement à la Secte dans laquelle ils
font nés. On les engage par les motifs les plus
puiffants à ne jamais s'en départir, en leur
faifant entendre, que tout leur bonheur, auffi-
bien dans cette Vie que dans l'autre, dépend
de leur inviolable fidélité à cet égard. On leur
répéte tous les jours, qu'ils ne fauroient jamais
affez benir ni louër Dieu, de ce qu'il leur a
fait la grace de les faire naître dans le fein
de la vraie Religion, pendant que des milliers d'autres, qui font venus au monde dans
le même tems, ont eu le malheur de naître
dans des Païs hérétiques ou idolâtres, où ils
courent un danger prefque infaillible de fe perdre. On leur enfeigne comme un Point de
Morale des plus importans, que, s'il s'élevoit
dans la fuite quelques doutes dans leur efprit
fur la Vérité de leur Religion, ils font obligés
de bannir auffi-tôt ces fortes de doutes; parce
que ce font de mauvaifes penfées & des ten-
tations très-dangereufes de l'Efprit malin, qui
cherche à les détourner de la bonne voïe & à
les enlacer dans les filets. Enfin, on ne
manque pas dans chaque Secte de faire aux
jeunes Enfans une peinture affreufe de toutes
les autres Sociétés Religieufes, & de leur in-
fpirer le plus d'averfion & de mépris, que l'on

peut,

PREFACE.

peut, pour ces Religions-là, auſſi bien que
pour ceux qui les profeſſent. De pareilles Leçons, répétées tous les jours, ſe gravent pro-
fondément dans l'Imagination tendre des Enfans; &, ces premieres impreſſions venant à
ſe fortifier avec l'âge, eſt-il fort admirable
qu'il ſe trouve ſi peu de Gens qui aïent la force
de ſurmonter ces préjugés de l'enfance.

Il ſemble pourtant, qu'il devroit être bien
plus facile aux Théologiens qu'aux autres de
s'élever au deſſus de ces ſortes de préjugés;
mais il faut remarquer, que ceux qui embraſſent
ce genre d'Etude, dans quelque Société que ce
ſoit, n'ont guéres d'autre vûë que de ſe rendre capables d'enſeigner & de défendre méthodiquement les Dogmes reçus dans la Secte
dont ils ſont membres, & dans laquelle ils ſe
propoſent de parvenir à quelque emploi, qui les
faſſe ſubſiſter honorablement & à leur aiſe.
Quand un petit nombre d'entre eux, à force
de lectures & de méditations ſur ces matiéres,
viendroient à découvrir les erreurs de la Secte
où ils ſont engagés, les liaiſons du ſang & de
l'amitié, l'amour de ſa propre réputation, de
ſes commodités temporelles &c., ſont d'autres
liens qui retiennent, & que très peu de Perſonnes ont la force de rompre. De-là vient
qu'un homme, qui abandonne la Religion où
il eſt né pour en embraſſer une autre, eſt un

phé-

PREFACE.

phénoméne extraordinaire dans le Monde mo-
ral. On le regarde avec étonnement, & on
le soupçonne aisément de n'agir que par le puissant ressort de quelque violente passion. On a
bien de la peine à croire du moins qu'il n'ait
point eu d'autre motif de sa conduite, que celui
de suivre les lumieres & d'obéïr aux mou-
vemens de sa conscience. Il me paroit cependant, que ces sortes de changemens devroient être
un peu plus fréquens, & par consequent moins
merveilleux, s'il y avoit beaucoup de Personn-
nes qui étudiassent la Religion dans un dessëin
bien-sincere d'examiner & de connoître s'ils
sont dans le chemin de la Vérité. Puis donc
qu'il est si rare de voir un homme quitter la
Secte où il a été élevé, pour se ranger à quelque autre Communion qu'il a reconnu, par la
voïe de l'examen, être plus pure, tant dans
sa Doctrine, que dans son Culte: puis, dis-
je, qu'un pareil événement est si rare, c'est
une marque indubitable, qu'il n'y a presque personne, du moins parmi les errans, qui fasse
en cette rencontre l'usage qu'il devroit faire de sa
Raison, ni qui recherche sincérement & de bonne
foi de quel côté est l'Erreur ou la Vérité. Mais, le
grand nombre de ceux qui agissent mal, & qui
ne s'acquittent pas de leur devoir, ne nous ex-
cusera point, si nous imitons leur exemple.

TA-

TABLE

DES

CHAPITRES.

CHAP.

Fin de la Table des Chapitres.

DE LA

DE LA CERTITUDE

DES CONNOISSANCES HUMAINES,

OU EXAMEN PHILOSOPHIQUE

DES DIVERSES PRE'ROGATIVES DE LA FOI ET DE LA RAISON;

Avec un Paralléle entre l'une & l'autre.

CHAPITRE I.

Explication de ce qu'on entend ici par le mot de Raison. Si nous avons quelques Connoissances certaines? Réfutation des Pyrrhoniens.

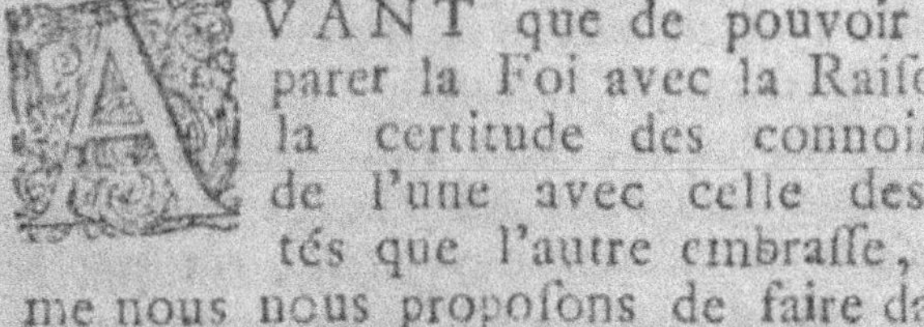

AVANT que de pouvoir comparer la Foi avec la Raison, & la certitude des connoissances de l'une avec celle des vérités que l'autre embrasse, comme nous nous proposons de faire dans cet Ouvrage, cela demande nécessairement

 l'Exl'explication de plufieurs chofes. Il nous faut d'abord donner quelque idée de ce qu'on entend ici par le mot de Raifon & par celui de Foi. Il nous faut auffi examiner les raports & les différences qui fe trouvent entre ces deux fortes de connoiffances. Mais, nous fommes obligés fur-tout de rechercher fur quoi eft appuïée la certitude des vérités que nous connoiffons par la Raifon, de même que ce qui fert de baze à la certitude de celles que la Foi nous enfeigne. Voilà donc un affez vafte champ qui nous eft ouvert, & où nous trouverons, fans doute, de quoi nous exercer.

COMMENÇONS d'abord par expliquer ce que nous entendons ici par le mot de *Raifon*, & par fixer le fens dans lequel nous le prendrons dans la fuite de ce Traité, fur-tout lorfque nous en parlerons par oppofition à la Foi. Ce mot a plufieurs fignifications différentes, comme on peut le voir dans les Dictionnaires; mais, nous nous bonnerons ici à deux, parce que ce font celles qui ont le plus de raport à notre fujet.
1. Par le terme de Raifon, on entend ordinairement cette puiffance ou faculté de notre ame, qui, par le moïen des idées qu'elle a des chofes, & en les comparant enfemble, difcerne le vrai d'avec le faux & le certain d'avec l'incertain, quel que foit le fujet fur lequel nous raifonnions ; car, la Raifon a lieu dans les chofes que nous favons par le moïen des Sens, ou par le témoignage d'autrui, auffi bien que dans
celles

celles que nous connoissons par les seules lumieres de nôtre Entendement. Mais, quand on parle de la Raison par opposition à la Foi, on prend alors le mot de Raison dans un sens moins étendu. On entend toûjours à la vérité par-là cette même faculté de nôtre ame, dont nous venons de parler; mais, on le restreint à signifier cette faculté, seulement entant qu'elle juge & prononce sur des propositions, dont nous pouvons découvrir la vérité ou la fausseté par nos facultés naturelles, c'est-à-dire, par les Sens ou par l'Entendement, sans avoir besoin de recourir à l'autorité.

N o u s avons déjà insinué, qu'il y a des choses que notre esprit connoit par lui-même ou par ses propres lumieres, & qu'il y en d'autres qu'il ne connoit que par le raport des Sens, où sur le temoignage d'autrui. Notre esprit, par exemple, découvre par ses propres lumieres la vérité de certaines propositions, & de certains raisonnemens qui sont extrémement clairs d'eux-mêmes. C'est ainsi que nous connoissons la verité des premiers Principes, comme par exemple de ceux-ci: *Deux & deux font quatre. Le tout est plus grand que sa partie: Il est impossible qu'une chose soit & ne soit pas en même tems: Tout ce qui pense, existe*, &c. Nous connoissons encore de cette maniere la verité des consequences qui découlent clairement de ces premiers Principes. La verité de ces propositions & de ces raisonnemens, que notre esprit aperçoit très-clairement, lorsqu'il y veut bien

prêter quelque attention, est dite être métaphisiquement évidente, ou métaphisiquement certaine; parce qu'il est absolument
impossible, & qu'il implique contradiction,
que la chose soit autrement.

Nous connoissons par le raport de nos
sens l'existence des corps qui nous envi-
ronnent, & la verité des faits qui se passent
sous nos yeux. Lorsque nous avons pris
les précautions nécessaires pour n'être pas
trompés là-dessus, la connoissance qui en
resulte, s'appelle évidence phisique; parce
que la chose ne peut être autrement selon
le cours ordinaire de la nature, & sans
miracle.

Enfin, nous apprenons par le témoignage d'autrui l'existence de plusieurs choses,
& un grand nombre de faits, que nous n'a-
vons point vûs, & dont plusieurs même
sont arrivés long-tems avons que nous fus-
sions au monde. Lorsque l'existence de
ces choses, ou la vérité de ces faits, nous
sont attestées par plusieurs personnes, que
nous n'avons aucun sujet de soupçonner de
s'être trompés, ou d'avoir eu dessein de
nous tromper, sur les choses qu'ils nous ra-
content, on dit alors, que ces choses, ou
que ces faits, sont moralement certains, &
que nous en avons une évidence morale;
parce qu'il est impossible, humainement
parlant, que la chose ne soit pas ainsi.
Cette évidence, ou certitude morale, est ce
qui sert de baze & de fondement à la Foi,
comme nous le verrons plus amplement
dans la suite.

On

O N voit, par ce que nous venons de dire, que chacune de ces trois sortes de connoissances, quand elle est parvenuë à un certain degré de clarté, a son évidence & sa certitude particuliére qui l'accompagne. Or, quoique chacun de ces trois ordres d'évidence, ou de certitude, soit pleinement suffisant en son genre, & qu'un homme raisonnable puisse & doive s'en contenter, il faut avouër cependant, que la certitude métaphisique a plus de force que la certitude phisique, & que celle-ci l'emporte à son tour sur celle du troisième ordre, c'est-à-dire, sur la certitude morale.

M A I S, on demande, si nous avons quelques connoissances certaines, soit par la Raison, ou par les Sens, & si l'évidence, de quelque genre qu'elle soit, est le caractere certain de la verité? Il s'est trouvé des Philosophes, qui ont fait profession de le nier; &, entre ces Philosophes, les uns se sont contentés de nier la certitude sans nier la vraisemblance, & ce sont les nouveaux Académiciens. Les autres, qu'on apelloit Pyrrhoniens, du nom de Pyrrhon Chef de leur Secte, ont même nié cette vraisemblance, & ont soutenu, que toutes choses étoient également obscures & incertaines.

M A I S, la verité est, que ces Opinions, qui ont fait tant de bruit dans le Monde, n'ont jamais subsisté que dans les discours & sur le papier : & il est hors de toute apparence, que personne en ait été sérieusement persuadé. Car, qu'il y ait des gens au Monde, qui doutent absolument de tout, &

qui n'osent se persuader qu'ils pensent, ni qu'ils existent, c'est ce qu'on ne sauroit imaginer, à moins qu'on ne leur suppose le cerveau troublé. On ne peut jamais venir à bout d'étouffer entiérement les sentimens de la nature. Il y a des préventions, qu'on soutient avec chaleur, dès que quelqu'un les conteste, mais qu'on ne suit point du tout, lorsqu'on cesse d'y faire une attention expresse.

Le gros des Pyrrhoniens sont des gens qui croïent plusieurs choses: ils sentent qu'ils existent, ils croïent commercer avec les autres hommes, & ils se rendent à plusieurs vérités, lorsqu'ils ne sont pas sur leurs gardes. Ils se contredisent donc perpetuellement eux-mêmes, & ressemblent à ceux qui nient la Liberté, & qui se sont mis dans la tête, que tout est méchanisme, au dedans, au dehors, dans les corps, & dans les esprits. Car, on voit ceux-ci, qui dans l'occasion déliberent, pesent les raisons de part & d'autre; &, suivant l'importance des matieres, ils aiment mieux suspendre leur jugement, que de se déterminer à la legere. Ils se savent bon gré de leur prudence; ils font cas, de ceux qui en usent bien avec eux; ils se croïent obligés à la reconnoissance; ils haïssent les ingrats; ils se plaignent de l'injustice, de la fierté, de l'impolitesse, de certaines gens; ils condamnent ceux dont ils croïent avoir sujet de se plaindre, & se plaisent à les rendre odieux. Quelle Comedie, si tout est machine, & se fait par une Nécessité inévitable! De même, quand on maltraite un Pyr-
rho-

rhonien, a-t-il raison de se plaindre, s'il n'y a rien d'injuste, & s'il ne sait pas même avec certitude qu'on lui ait donné des coups de bâton? Mais, il n'y a guéres de Pyrrhonien, qui demeure Pyrrhonien en ces occasions. Ils contredisent alors les principes de la Secte; mais, ils y sont tout accoûtumés: presque toutes leurs paroles & leurs actions sont autant de contradictions avec les sentimens qu'ils affectent. Ils se moquent, par exemple, de la sote Crédulité du Peuple: mais, ils ne doivent railler personne; puisque, selon eux, il n'y a rien de ridicule.

M A I S, la verité est, comme nous avons dit, que cette profession n'est qu'apparente, & qu'un jeu d'esprit. C'est pourquoi, le meilleur moïen de convaincre ces Philosophes étoit de les rappeller à leur conscience & à leur bonne foi, & de leur demander, après tous ces discours, où ils s'efforçoient de montrer qu'on ne pouvoit pas distinguer le sommeil de la veille, ni la folie du bon-sens, s'ils n'étoient pas persuadés, malgré tous leurs raisonnemens, qu'ils ne dormoient pas, & qu'ils avoient l'esprit sain? S'ils avoient voulu répondre sincérement, ils auroient sans doute démenti toutes leurs vaines subtilités, en avouänt qu'ils ne pouvoient pas ne point croire toutes ces choses, quand ils l'eussent voulu.

Q U E s'il se trouvoit quelqu'un, qui pût entrer en doute s'il ne dort point, ou s'il n'est point fou; ou qui pût meme croire, que

 l'exis-

l'exiſtence de toutes les choſes extérieures
eſt incertaine, qu'il eſt douteux s'il y a un
ſoleil, une lune, un terre, des hommes,
&c : perſonne du moins, ne peut douter
s'il penſe; car, ſoit qu'il veille ou qu'il
dorme, ſoit qu'il extravague ou non, il eſt
certain; du moins qu'il penſe, & par conſequent qu'il exiſte, & qu'il vit : n'étant pas
poſſible de ſeparer l'éxiſtence & la vie de
la penſée, & de croire que ce qui penſe
n'eſt pas, & ne vit pas. Et, de cette connoiſſance claire & certaine, il en peut former une Regle, pour aprouver comme
vraies toutes les penſées qu'il trouvera auſſi
claires que celle-là lui paroit.

I L eſt impoſſible même de douter de ſes
perceptions, en les ſeparant de leurs objeƈts.
Qu'il y ait, ou qu'il n'y ait pas, un ſoleil, une
terre, une lune, &c. il eſt certain du moins,
que je m'imagine voir tout cela. Qu'il y ait,
ou non, d'autres hommes, il eſt certain
que je crois en voir, qu'il me ſemble
qu'ils marchent, qu'ils ſe parlent les uns
aux autres, &c. Ainſi, en ſe renfermant
dans ſon eſprit ſeul, on y trouve une infinité de connoiſſances certaines, dont on
ne peut douter.

C E T T E conſideration peut ſervir à décider une queſtion que l'on fait ſur ce ſujet, & qui conſiſte à ſavoir ſi les choſes
que l'on ne connoit que par l'eſprit ſont
plus ou moins certaines que celles que
l'on connoit par les ſens; car, il eſt clair,
par ce qu'on vient de dire, que nous ſommes bien plus aſſurés des perceptions de
nôtre

nôtre efprit, & de nos idées, que nous ne voïons que par réfléxion, que nous ne le fommes de tous les objets des Sens. L'on peut dire même, que, quoique nos Sens ne nous trompent pas toûjours dans les raports qu'ils nous font, néanmoins la certitude, que nous avons qu'ils ne nous trompent pas, ne vient pas des Sens mêmes, mais d'une réflexion de l'efprit, par laquelle nous difcernons quand nous devons croire, ou ne pas croire, le raport des Sens.

De plus, cette connoiffance, que nous pouvons acquerir par les Sens, ne s'étend pas bien loin. Il y a une infinité de chofes, qui leur échapent, & ils ne nous fourniffent prefque aucune lumiere pour expliquer les phénomenes de la Nature. Auffi n'avons-nous guéres de connoiffances certaines à cet égard. Qui fait, par exemple, comment le foleil nous éclaire, ni quelle eft la véritable nature de la lumiere? Qui fait comment fe forment les météores dans l'air, les pierres & les métaux dans le fein de la terre? Qui connoit comment les plantes fe nourriffent du fuc de la terre, pour former leurs fueilles, leurs fleurs, & leurs fruits? Qui peut décrire comment les animaux font engendrés & formés dans les entrailles de leurs meres? Qui peut dire quelles figures doivent avoir ces petits corps, qui font que nous avons un goût de douceur ou d'amertume, ou que nous fentons une odeur agréable ou importune? Nous ignorons fi l'étenduë eft quelque

A 5

chofe

chofe, fi elle fait l'eſſence des corps ou non, s'il y a du vuide, &c.

V o i l a` un vaſte champ pour le doute & la retenuë en matiére de jugement. Comment donc la Raiſon ſe conduit-elle dans ces détroits? Comme un homme prudent dans ſes voïages: tantôt il ſait qu'il ſuit le bon chemin, tantôt il en doute, & tantôt il connoit qu'il s'eſt égaré. Il en eſt de même de la Raiſon. Il y a des choſes, qu'elle connoit ſi clairement, qu'elle eſt perſuadée qu'elle ne ſe trompe point à cet égard: il y en d'autres, qui la retiennent entre le ouï & le non, d'autres qu'elle ſait très bien qu'elle ignore, & d'autres enfin dont elle reçonnoit clairement la la fauſſeté.

I l y a donc de la certitude & de l'incertitude dans les connoiſſances de l'eſprit & des ſens ; & ce ſeroit une faute égale de vouloir faire paſſer toutes choſes, ou pour certaines, ou pour incertaines. La Raiſon nous oblige au contraire d'en reconnoître de trois genres. Il y en a, qu'on connoît certainement: il y en a d'autres, qu'on ne connoît pas clairement, mais qu'on peut eſpérer de connoître, moïennant l'étude & l'application: il y en a enfin, qu'il ne nous paroît guéres poſſible, ou même qu'il nous paroît impoſſible, de connoître avec certitude, ſoit parce que nous n'avons pas de principes qui nous y conduiſent, ſoit parce qu'elles ont trop de diſproportion avec nôtre eſprit. Le premier genre comprend tout ce qu'on connoît par démonſtration ou par l'intelli-

gen-

gence. Le second comprend ce qui fait la matiére de l'étude des Philosophes: mais, il est facile qu'ils s'y occupent inutilement, s'ils ne savent le distinguer du troisième; c'est-à-dire, s'ils ne savent distinguer les choses où l'esprit humain peut arriver, de celles où il ne peut atteindre. Il est donc très-important de s'appliquer à connoître les bornes de nôtre entendement, & de ne pas lui supposer plus d'étenduë qu'il n'en a.

UNE autre Remarque, qu'il est encore très-important de faire ici, c'est que nous devons bien prendre garde de ne pas révoquer en doute ce que nous connoissons certainement sur un sujet, à cause qu'il y a dans ce même sujet des choses que nous ne pouvons comprendre. Il nous arrive, par exemple, très-souvent de connoître avec certitude qu'une chose est, quoique nous ne concevions pas comment elle est. Dois-je en ce cas douter de l'éxistence de cette chose, parce que je ne puis comprendre comment elle a été produite? Ceci deviendra plus sensible par des exemples particuliers. Je sens que je remuë mon bras, quand je veux; mais, de quelle maniere j'opere ce mouvement, c'est ce que j'ignore. Voilà un Fait, qui m'est très-familier: le revoquerai-je en doute, parce que je ne comprens pas comment cela se fait? M'imaginerai-je, à cause de cela, que je suis sans volonté & sans action? De même, je sens que j'existe, je ne puis me persuader que j'aie toûjours existé: un sentiment inté-

térieur m'apprend même, que l'être n'eſt
pas en mon pouvoir, que je ne me ſuis pas
donné celui que j'ai, & que je ne ſaurois
le donner à ce qui n'éxiſte pas. De-là je
conclus avec certitude, qu'il y a quelque
cauſe qui m'a produit; mais, comment
m'a-t-elle produit? Je n'en ſai rien. Revoquerai-je en doute, à cauſe, de cela mon
éxiſtence, & celle de cette cauſe?

Il eſt bon de s'exercer ſur de pareils ſujets. Il y en a un très-grand nombre de
cette ſorte, dont les fondemens ſont in-
conteſtables, quoi qu'on puiſſe nous faire
ſur toutes ces choſes des queſtions, où
nous nous perdons, & qu'il nous eſt abſolument impoſſible d'éclaircir. Il eſt pourtant bon d'y réfléchir quelquefois, & de
pouſſer ces difficultés auſſi loin que nous
pouvons, afin de nous former à la modeſtie,
& de nous accoûtumer à nous dire à nous-
mêmes, que l'Homme ne peut pas tout
comprendre. Mais, pour cela, il ne doit pas
tout rejetter, comme nous venons de le
faire voir.

Nous avouöns, à la vérité, très-volontiers aux Pyrrhoniens, qu'il eſt bon de ne
pas croire légérement, d'éxaminer ſcrupu-
leuſement, ce qu'on nous dit, & de ne nous
rendre qu'à de bonnes preuves. Cela eſt
néceſſaire même, & la Raiſon nous le preſcrit. Nous leur accordons encore, que
nos connoiſſances ſont très-bornées,
& que nous ſavons très-peu de
choſes, en comparaiſon de celles
que nous ignorons, ou qui paſſent même
nôtre

nôtre intelligence. Mais, il ne s'enfuit
point de-là que tout foit incertain, ni qu'il
faille douter de tout. Nous avons prouvé
ci-deffus, au contraire, qu'il y a plufieurs
vérités, que nous connoiffons très-certaine-
ment, & aux-quelles il eft impoffible de re-
fufer fon confentement.

CHAPITRE SECOND.

De la Foi en général; ce qu'elle a de commun
avec la Science & l'Opinion; & en
quoi elle en diffère.

APRE'S avoir expliqué ce que nous
entendons par le mot de *Raifon*, &
avoir établi la certitude de fes connoiffances les plus claires contre les Pyrrhoniens, il nous faut en venir préfentement à
l'explication du mot de *Foi.* Après quoi,
nous examinerons les raports & les differen-
ces qui fe trouvent entre ce qu'on appelle
Foi, Science, & Opinion. Ce fera la matiére
de ce Chapitre. Dans les fuivans, après
avoir diftingué deux fortes de Foi, la *Foi*
Humaine, & celle qu'on appelle la *Foi Di-*
vine, nous traiterons amplement de tout
ce qui regarde celle-ci, en recherchant
quels font les Principes qu'elle fuppofe,
& fur lefquels elle doit être appuïée, & quel
dégré précis d'évidence doivent avoir les
preuves qu'elle emploïe pour nous perfuader. Toutes ces chofes étant enfin fuffifamment éclaircies, nous en viendrons à

la Comparaison que promet le Titre de cet ouvrage.

La Foi, en général, est une persuasion fondée, non sur l'évidence de l'objet, ni sur des raisons vraisemblables, prises de la nature même de la chose, mais sur un témoignage rendu par une ou plusieurs Personnes, qu'on estime assez éclairées pour ne se pas tromper dans leur jugement, & assez sinceres pour dire ce qu'elles savent, c'est-à-dire ce qu'elles ont vû ou entendu.

Je dis premierement, que la Foi est une persuasion; car, il n'y a personne, qui, lorsqu'il dit qu'il croit quelque chose, n'entende par-là, qu'il est persuadé de cette chose, qu'il la regarde comme véritable, qu'il n'en doute point. Pour mieux comprendre ceci, il faut remarquer, que lors qu'une proposition s'offre à notre esprit, cet esprit fait l'une de ces trois choses. Ou il juge que cette proposition est vraie; ou il juge qu'elle est fausse; ou, enfin, il suspend son jugement, n'osant décider si elle est vraie ou fausse. La Persuasion a lieu dans le premier & le second de ces actes; mais, elle n'en a pas dans le troisieme: car, on n'est nullement persuadé des choses dont on doute; mais, on peut l'être de la verité de celles qu'on reçoit, & de la fausseté de celles qu'on rejette. Ainsi, la persuasion est un jugement determiné, par lequel on prononce sur la verité ou la fausseté des propositions, auxquelles on pense.

Il est aisé de recueillir, de la définition
qu'on

qu'on vient de donner, ce que la Foi a de
commun avec la Science & l'Opinion, qui
sont aussi deux autres espèces de Persuasions;
& en quoi elle differe de l'une & de l'autre,
comme nous le ferons voir, après que nous
aurons expliqué en peu de mots que c'est
que Science & qu'Opinion.

LA Science est une Persuasion fondée sur
des raisons claires & évidentes par elles-
mêmes : car, en quoi la Science differe de
l'Intelligence, c'est-à-dire, de la connoissance que nous avons de la verité des prémiers Principes, c'est que les premiers Principes sont évidens immediatement & par
eux-mêmes, au lieu que l'objet de la Science n'est pas évident immediatement par
lui-même, mais seulement par la liaison
nécessaire qu'on apperçoit entre cet objet & les premiers principes; de sorte qu'il
ne peut être faux, que les premiers principes
ne le soient aussi. Or, comme les premiers
principes sont d'une évidence incontestable,
c'est sur eux, comme sur sa base, qu'est
fondée la certitude de ce qu'on apelle
Science.

L'OPINION est une Persuasion fondée
seulement sur des raisons vraisemblables,
qui déterminent pourtant l'esprit; ce qui
n'arrive pas dans le doute : mais, qui ne le
déterminent pas si absolument, qu'il juge le
contraire impossible; de sorte qu'il lui reste
toûjours quelque crainte de se tromper.

CECI posé, il ne nous sera pas difficile
de recueillir de-là ce que la Foi a de commun avec ces autres espèces de Persuasion,

&

& ce qu'elle a de particulier. Elle a deux choſes, qui lui ſont communes avec la Scienſe & l'Opinion. La prémiere, qu'elle exclut le doute proprement dit, & qu'elle prononce déterminément ſur la verité ou la fauſſeté de ſon objet, quoique non pas toûjours ſans quelque crainte de ſe tromper.

L'AUTRE choſe, que la Foi a de commun avec la Science & l'Opinion, c'eſt qu'elle eſt la ſuite & l'effet d'un raiſonnement, tantôt plus confus, tantôt plus diſtinct. Je ne prétens pas dire, qu'on faſſe toûjours ce raiſonnement d'une maniere expreſſe & formelle; mais, il eſt certain du moins, que ce qui ſe paſſe alors dans notre eſprit équivaut à un Raiſonnement en forme, & qu'il peut être exprimé par un Sillogiſme. La raiſon en eſt bien claire: c'eſt que toute Propoſition, qui n'eſt pas évidente d'elle même, & qui a beſoin d'être prouvée, ne peut être reçuë comme veritable, qu'en conſéquence d'un Raiſonnement. Or, les Propoſitions, qui ſont les objets, ſoit de la Science proprement dite, ſoit de la Foi, ou de l'Opinion, ne ſont pas évidentes par elles-mêmes, & ont beſoin d'être prouvées par des Raiſons priſes de la nature ou de l'autorité. Ces Propoſitions donc ne peuvent être reçuës comme veritables, qu'en conſéquence de quelque Raiſonnement.

C'EST ce qu'il eſt bien facile de remarquer dans les actes particuliers de tout ce qu'on apelle Foi, ſoit divine, ſoit humaine. Je ſuis bien aiſe, par exemple, de ſavoir ce qui a été decidé au ſujet d'une affaire

faire où j'ai quelque intérêt, j'en demande
des nouvelles à un homme, que je connois
pour être ſincere, & que je ſai devoir être
bien informé là-deſſus. Cet homme m'apprend comment l'affaire en queſtion a été
décidée, & je crois que la choſe eſt ainſi
ſur ſa parole. Or, pourquoi eſt-ce que je ne
doute pas, que ce que cet homme m'a dit ne
ſoit véritable? N'eſt-ce pas en vertu de ce
raiſonnement, ou de quelque autre ſemblable, qui ſe forme alors dans mon eſprit,
du moins d'une maniere implicite: *Cet homme, à qui je viens de parler, eſt bien informé, il eſt ſincére, & n'a aucun intérêt de me
tromper. Il m'aſſûre que cette affaire a été
décidée de telle maniere. Donc, elle a été véritablement décidée de la ſorte.*

Je dis la même choſe de la Foi divine.
Je voudrois ſavoir, par exemple, ſi les
morts reſſuſciteront? Je conſulte ma Raiſon,
qui ne peut m'apprendre là-deſſus rien de
poſitif. Elle me dit ſeulement, que, la choſe dépendant de la libre Volonté de Dieu,
on ne peut ſavoir ce qui en eſt que par la
Révélation. Je cherche donc ſi Dieu s'eſt
révélé aux hommes, & en particulier s'il
leur a appris que les morts reſſuſciteront?
Lorſqu'après avoir bien examiné ces deux
choſes, j'en trouve les preuves aſſez fortes
pour en pouvoir conclure que Dieu a manifeſté ſa Volonté aux hommes, & qu'il
leur a enſeigné en particulier que les morts
reſſuſciteront un jour, je reçois cette propoſition comme veritable; mais, c'eſt en
conſéquence de ce raiſonnement: *Tout ce*

que Dieu dit eſt veritable : il a révélé que les morts reſſuſciteront : donc, les morts doivent reſſuſciter un jour. On voit par cet exemple, que chaque acte particulier de Foi théologique eſt la concluſion, non ſeulement d'un raiſonnement, mais encore de pluſieurs autres que ce dernier ſuppoſe néceſſairement.

IL ſeroit aiſé de montrer la même choſe par raport aux actes particuliers de la Science & de l'Opinion, que ce qu'on vient de faire voir par raport à ceux de la Foi; mais, outre que cela nous méneroit trop loin, la choſe eſt claire & n'eſt point conteſtée : ainſi, nous ne nous y arrêterons point. Il ſuffit ſeulement d'avoir remarqué en général, que ces trois eſpeces de Perſuaſions conſiſtent toutes dans le conſentement que notre eſprit donne à la concluſion du raiſonnement, ou du Syllogiſme, qui les fait naître. Diſons preſentement un mot de la différence qui ſe trouve entre elles.

CE qui diſtingue ces trois ſortes de Perſuaſions l'une de l'autre, c'eſt la qualité des raiſons, ou des motifs, qui déterminent l'eſprit à former ſon jugement. Dans la Science, c'eſt l'évidence ; dans l'Opinion, c'eſt la probabilité des raiſons ; dans la Foi, c'eſt le témoignage rendu par des perſonnes qu'on eſtime éclairées & ſinceres.

AINSI, chacune de ces Perſuaſions a ſa propriété ſpécifique. La Science a l'évidence, l'Opinion a l'incertitude, & la Foi eſt toûjours accompagnée d'obſcurité & quelquefois d'incertitude. D'un côté, la Foi eſt

eſ-

essentiellement obscure, & de l'autre elle
est susceptible de certitude & d'incertitude.
La premiere qualité la distingue de la Science, & la seconde de l'Opinion. Mais, tâchons d'éclaircir cela un peu davantage.

La Foi, en général, soit humaine, soit
divine, est essentiellement obscure. Ce
qu'il ne faut pas entendre par raport au témoignage sur lequel la Foi est fondée; car,
ce témoignage doit être évident, si-non
phisiquement, du moins moralement, pour
que notre Foi soit certaine, ainsi que nous
espérons de le montrer clairement dans la suite
de cet Ouvrage. L'obscurité, dont je parle
présentement, vient uniquement de ce que
lorsqu'on croit une chose, soit de Foi divine,
soit de Foi humaine, on n'aperçoit point
par soi-même, & par ses propres lumiéres, la
liaison qu'il y a entre les termes qu'on unit
par l'affirmation, comme il arrive dans la
Science: mais, sans l'apercevoir, on se la
persuade, parce qu'on se met dans l'esprit
qu'un autre la voit. Ce qui peut bien à la vérité suffire pour convaincre l'esprit; mais, cela
ne l'éclaire point, comme fait la Science.

Par éxemple, un homme me dit: *J'ai
vû le Roi partir pour aller à la Chasse.* Je le
crois sur sa parole, je ne doute point du
Fait, mais je ne le vois point. Et ce Fait,
quoique certain pour moi, ne m'est pas
évident, comme il le seroit, si je l'avois vû
de mes propres yeux. La même chose a
lieu dans la Foi divine. Je crois la Résurrection. Est-ce que ce mistere m'est évident?
Non, sans doute. Pourquoi donc le crois-

je? C'est parce que je suis persuadé que, Dieu, à qui il est évident, l'a révélé. La Foi que j'en ai est certaine, mais elle est obscure.

Je ne m'arrêterai pas davantage à cette prémière propriété de la Foi, qui me paroit suffisamment éclaircie. Ainsi, je passe a la seconde, qui consiste, comme nous avons dit, en ce qu'elle est susceptible de certitude & d'incertitude. Son incertitude peut venir de trois sources. La prémière, lorsque l'on est pas bien assûré de la sincerité de celui qui atteste ce qui est en question; car alors on a lieu de craindre d'être trompé. La seconde, lorsqu'on n'a pas haute opinion de ses lumiéres; car alors, quelque persuadé que l'on soit de sa probité, on craint qu'il ne se trompe lui-même. La troisieme, lorsqu'étant bien persuadé de sa sincerité & de ses lumieres, nous ne sommes pas bien certains qu'il ait rendu le témoignage qu'on lui attribuë, soit que nous craignions que ce ne soit pas lui-même qui ait parlé, & qu'il y ait du danger que nous ne prenions quelqu'autre pour lui; soit qu'il ait parlé obscurément, & que ce qu'il a dit puisse recevoir plusieurs sens.

Les deux prémiéres raisons de craindre, pour la validité d'un témoignage, ne peuvent avoir lieu qu'à l'égard des hommes; mais la troisieme a quelquefois lieu à l'égard de Dieu-même. On peut n'être pas sûr que ce soit lui qui ait parlé: ou, du moins si l'on n'a point de doute à l'égard de la Révélation en elle-même, on peut en avoir

sur

sur le sens qu'il faut donner aux paroles qui expriment les vérités revelées, soit parce qu'il y a de l'obscurité dans les expressions, soit à cause de la contrariété apparente qui se trouve entre differens passages, de sorte qu'on est embarassé d'en pénétrer le vrai sens, & qu'on ne sait lequel on doit préférer à l'autre. La Foi peut donc être accompagnée d'incertitude : & c'est ce qui la distingue de la Science, qui exclut, non seulement le doute, mais aussi la crainte de se tromper.

Mais, si la Foi est susceptible d'incertitude, elle peut aussi être accompagnée de certitude, & d'une certitude très-grande ; ce qu'il faut entendre de la Foi, tant humaine, que divine. Je n'ai jamais vû, par exemple, la Ville de Rome: cependant, je doute aussi peu de son existence, que si je l'avois vûë de mes propres yeux ; parce qu'en effet je vois tous les jours tant de gens qui y ont été, & qui me l'assûrent. Il est si peu possible qu'ils s'y soient trompés, ils ont si peu d'intérêt à me tromper, & il est si peu croïable qu'ils le fassent, qu'il y auroit de la folie, non seulement à en douter, mais même à n'en être pas fortement persuadé.

C'est encore ce qu'on peut remarquer dans la Foi divine à l'égard de beaucoup d'Articles. Nous avons un bon nombre de preuves très-fortes & très-convaincantes de la Divinité de l'Ecriture. Il y a dans cette Ecriture un grand nombre de Vérités qui y sont exprimées clairement, nettement, & formellement, de l'aveu de tout le Monde. On

ne peût donc point douter, du moins rai-
fonnablement, que Dieu n'ait révélé ces
Vérités. Or, quand on eft affûré que Dieu a
révélé quelque-chofe, qui pourroit révoquer en doute la Vérité de ce qu'il nous
dit? Il eft donc certain, qu'il fe trouve fouvent
une très-grande certitude dans la Foi, foit
humaine, foit divine. C'eft ce qui la diftingue de l'Opinion, qui, comme nous
l'avons dit, eft effentiellement incertaine.

CHAPITRE III.

Où l'on diftingue deux Sortes de Foi, la di-
vine, & l'humaine. Ce que c'eft que la
Foi divine. Principes ou l'onde-
mens qu'elle fuppofe.

COMME il y a deux fortes de témoins
qui peuvent nous attefter ce que nous
croïons, favoir Dieu & les Hommes, on diftingue auffi deux fortes de Foi par raport à
ces deux differens Témoignages, l'humaine,
& la divine. La Foi humaine eft celle qui
eft uniquement appuyée fur l'autorité des
Hommes : & la divine eft celle qui fe fonde fur le témoignage de Dieu, c'eft-à-dire,
que la raifon qui nous porte alors à croire
une certaine chofe eft la perfuafion où nous
fommes que Dieu l'a révélée ; quoique
cette Révélation, auffi bien que les preuves qui nous en perfuadent la divinité, ne
foient parvenuës jufqu'à nous que par le
canal de la Tradition. Ce qui en diminuë
fans

sans doute la certitude par raport à nous;
car, il n'y a personne qui ne voïe que nous
serions plus assurés que Dieu a révélé telle
ou telle Vérité, si la Révélation nous avoit
été immediatement adressée à nous-mêmes,
que non pas en l'apprenant ainsi par le témoignage des autres Hommes. Dans le
premier cas, notre certitude seroit phisique
& experimentale; & dans le second, elle
n'est qu'historique & morale. Encore faut-
il examiner bien des choses, & peser bien
des circonstances, avant que d'arriver à cette espece de certitude, comme on le verra
dans la suite.

Voïla donc ce qu'on appelle *Foi di-*
vine: c'est le consentement que nous donnons à une Doctrine, que nous embrassons
comme révélée de Dieu, sur la foi des miracles, que l'histoire nous apprend avoir été
opérés par ceux qui ont publié les premiers
cette Doctrine: d'où nous concluons, qu'ils
ont été extraordinairement suscités de Dieu
pour l'annoncer aux autres Hommes.

Chacun sent assez, que l'épithete de
divine, que l'on donne à la Foi en question, ne lui convient que fort imparfaitement; car, enfin, quoique l'on suppose qu'un Homme adhere à une Doctrine
véritablement révélée de Dieu, c'est pourtant toûjours l'homme qui croit. La Révélation est divine, je le veux; mais, la
Foi, c'est autre chose, elle est de l'Homme. Je ne crois pourtant pas, qu'il faille
s'opiniâtrer à disputer des mots, pourvû
que l'on soit d'accord sur la chose signifiée.

Ainſi, nous nous ſervirons, dans la ſuite de cet Ouvrage, indifféremment des mots de *Foi divine*, de *Foi théologique*, ou de *Foi eccléſiaſtique*, pour diverſifier un peu les termes. C'eſt pourquoi nous avertiſſons ici, que nous prenons toutes ces expreſſions au même ſens: nous entendons par-là l'acquieſcement que l'on donne à une certaine Doctrine, parce qu'on la regarde comme révélée.

IL nous faut à preſent parler des principes ou fondemens, que cette Foi ſuppoſe & ſur leſquels elle doit être appuyée; car, il eſt aiſé de s'apercevoir, que pluſieurs choſes ſont abſolument requiſes, pourque l'on puiſſe avec prudence recevoir de cette maniere une Doctrine comme révélée de Dieu.

IL faut, par exemple, I. que Dieu ait parlé, c'eſt-à-dire, qu'il ait véritablement fait connoitre ſa volonté aux hommes, ſoit immediatement par lui-même, ſoit par le miniſtere des Anges, ou par quelque autre moïen: car, ſi Dieu ne s'étoit jamais manifeſté aux hommes par la Révélation, comme le prétendent les Déiſtes, il n'y auroit de Foi divine qu'en imagination; & tous ceux, qui penſeroient croire quelque choſe ſur l'autorité de Dieu, ſe tromperoient étrangement.

II. IL faut que cette parole de Dieu nous ſoit adreſſée, & vienne à notre connoiſſance; car, quand même Dieu auroit parlé, ſi nous l'ignorions abſolument, il ſeroit impoſſible que nous cruſſions. Or, comme *la Foi vient de l'Ouie*, ainſi que dit St. Paul, & que Dieu ſe ſert du miniſtere des autres hommes pour nous inſtruire de ſa parole,

il faut néceſſairement que les Vérités révélées nous ſoient propoſées exterieurement
par les hommes : la Sageſſe divine n'aïant
pas jugé à propos d'établir d'autre voie ordinaire que celle-là , pour nous donner connoiſſance des Dogmes qui apartiennent à la
Religion révélée. C'eſt ce qui fait dire à
St. Paul dans le même endroit : *Comment*
croiront-ils en celui dont ils n'ont point enten-
du parler ? Il en eſt tout de même en ce
cas pour ceux à qui la Parole de Dieu n'a
point été annoncée , que ſi Dieu n'avoit
rien révélé aux hommes , ſelon la Maxime des Juriſconſultes , qui dit : *Rerum non*
apparentium, & earum quæ non ſunt , eadem
eſt ratio. C'eſt-à-dire : *Les choſes qui ne*
paroiſſent point , ou qui ne ſont point connuës,
doivent être miſes au même rang que celles
qui ne ſont point.

III. Il faut que nous comprenions le ſens
de ce que Dieu nous dit : car, ſi ſa Parole eſt
conçue dans une langue que nous n'entendons pas ; ou , encore bien que entendions
la langue, ſi les termes , qui compoſent la
Propoſition révélée, nous paroiſſent tellement obſcurs & ambigus, que nous ne ſachions pas quel ſens il y faut attacher en
cette occaſion ; il eſt impoſſible alors , que
nous croyions , du moins explicitement , la
Vérité qu'ils renferment. Nous pouvons
bien croire en général , que ces paroles contiennent quelque vérité ; mais , ne ſachant
quelle elle eſt , nous ne pouvons pas l'embraſſer en particulier. Mais , quand les
paroles de la Révélation ne nous paroî-

B 5 troient

troient pas fort obſcures , ni difficiles à entendre , nous ne devons pourtant rien négliger pour nous aſſûrer, autant qu'il eſt poſſible,
que nous en pénétrons le vrai ſens; car,
ſi nous nous trompons à cet égard, & ſi nous
attribuons à ces paroles un ſens qu'elles
n'ont pas, il eſt tout viſible que nous ne
croïons pas ce que Dieu a révélé , mais
que nous prenons mal-à-propos les Imaginations de nôtre propre cerveau pour des
Vérités divines.

IV. Il faut que nous aïons des preuves
ſuffiſantes, que cette Doctrine , qui nous eſt
propoſée comme revelée de Dieu, vient effectivement de lui : car , ſi nous doutions de ſon
origine, ſi nous craignions qu'elle ne vînt d'ailleurs que de Dieu , par exemple des Hommes
ou du Démon, nous ne croirions point à ce
qu'on nous diroit, quelque nette & quelque
diſtincte que fût l'idée que nous aurions de
la Doctrine qui nous feroit propoſée.

V. Il faut que la Doctrine, que l'on prétend nous faire embraſſer comme aïant été
révélée de Dieu, ne renferme rien qui ſoit
indigne de l'Etre ſuprême, ni qui combate
ſes Attributs ; car, ſi cette Doctrine étoit
contraire aux principes les plus certains de
la Lumiere naturelle, & ſi elle renverſoit
les idées que nous avons naturellement de
la ſageſſe , de la juſtice, & de la bonté de
Dieu, les miracles les plus éclatans ne prouveroient pas en ce cas, qu'une telle Doctrine eſt émanée de Dieu. Au contraire, l'é-
vidente fauſſeté d'une telle Doctrine feroit
une marque infaillible, que les miracles ,
qu'on

qu'on allegue en sa faveur, n'ont été que les effets de la fourberie de quelque habile Imposteur; ou qu'ils doivent être attribués à la malice de quelque puissant Génie, également ennemi de Dieu & des Hommes.

VI. Il est necessaire, enfin, que nous soïons persuadés, qu'il est absolument impossible, que ce que Dieu dit soit faux; car, si nous doutions de cela, & si nous soupçonnions que Dieu peut se tromper, ou qu'il est capable de nous tromper, il est évident, que son temoignage ne suffiroit pas pour nous convaincre de la Vérité de ce qu'il nous dit.

Mais, on concevra peut-être cela plus distinctement, si nous proposons la chose d'une autre maniere. La Foi théologique, ou divine, est la suite & l'effet de ce Syllogisme. *Tout ce que Dieu a révélé est véritable: Or, Dieu a révélé tel Fait ou tel Dogme: Donc, ce Fait ou ce Dogme est veritable.* On ne fait point toûjours, à la vérité, ce raisonnement en la même forme que nous le venons d'exprimer; mais, on fait du moins l'équivalant: de sorte que si l'on veut rendre compte des motifs qui portent à croire une chose de Foi divine, on le fera par quelque raisonnement qui reviendra nécessairement pour le fonds à celui que nous venons d'indiquer. Nous avons même déjà prouvé ci-dessus dans le Chapitre II, que la Foi, de même que la Science & l'Opinion, ne se forme qu'en vertu d'un raisonnement dont elle est la conclusion. Ainsi, il est inutile de nous y arrêter ici davantage. Mais, ce qu'il est très-im-

important de remarquer, c'eſt que, comme dans tout raiſonnement régulier la vérité de la concluſion dépend de celle des Propoſitions dont on la tire, & qu'on apelle prémiſſes en termes de l'art; de même, toute la certitude de notre Foi dépend de la vérité de ces deux Propoſitions dont elle eſt la ſuite; l'une, que *tout ce que Dieu a révélé eſt veritable*; & l'autre, *que Dieu a révélé telle ou telle choſe.* Il s'agit donc d'examiner pourquoi nous nous perſuadons la vérité de ces deux Propoſitions: & c'eſt cet Examen, qu'on apelle l'*Analyſe de la Foi.*

LA prémiere de ces deux Queſtions ne renferme aucune difficulté; car, il eſt aiſé de prouver évidemment la vérité de cette Propoſition: *Tout ce que Dieu a révélé eſt véritable.* En effet, on ne peut prouver plus évidemment la vérité d'une Propoſition, qu'en faiſant voir, que l'idée de l'attribut eſt renfermée dans celle du ſujet: or, c'eſt ce qui a lieu à l'égard de la Propoſition dont il s'agit; puiſque l'on démontre clairement, que la vérité immuäble eſt renfermée dans l'idée de l'Etre tout-parfait Tout le monde convient, que l'Etre très-parfait ne ſauroit, ni tromper, ni être trompé. Je n'en excepte pas même les Athées, qui, bien qu'ils nient l'Exiſtence de Dieu, ne laiſſent pas d'avouër, que, s'il exiſtoit, il ne diroit jamais rien que de véritable.

CETTE Propoſition eſt donc évidente, & par conſequent certaine; car enfin, tous ceux qui ne ſont pas Pyrrhoniens convien-nent, que l'Evidence eſt non ſeulement le

lé-

légitime, mais l'unique, fondement de la
certitude. En effet, sur quel autre fondement nous persuadons-nous les choses qui
nous paroissent les moins douteuses, que sur
leur Evidence? Pourquoi croïons-nous qu'un
& un font deux, que le tout est plus grand
que sa partie, &c ; si-non parce que tout cela
est évident ? Ainsi, la Proposition dont il
s'agit étant évidente, il ne faut pas chercher
d'autre raison de n'en pas douter.

M a i s, il n'en est pas de même de la seconde Proposition, sçavoir, que *Dieu a révélé
tel ou tel Dogme*. Cette Proposition n'est nullement évidente, ou du moins elle ne l'est
pas à la maniere de l'autre, dont on vient
de parler ; car, à ne considerer la chose qu'en elle-même, il est très-possible, que
Dieu n'ait rien révélé, ou que, s'il a révélé quelque-chose, ce ne soit pas ce que
nous croïons. Avant donc que d'acquies-
cer à une Proposition comme révélée de
Dieu, il faut éxaminer s'il l'a veritablement
révélée : car, il faut remarquer, que cette
Proposition, *Dieu a révélé tel ou tel Dogme*,
n'est pas proprement l'objet de ce qu'on a-
pelle la Foi divine ; mais qu'elle est un principe & un fondement que cette Foi suppose, comme il paroit clairement par l'Analise que l'on fait de ladite Foi. Car, lorsqu'on nous demande, pourquoi croïez-vous
tel ou tel Article? Nous répondons, que c'est
à cause que Dieu l'a révélé. Mais, si l'on
nous demande derechef, pourquoi nous
croïons que Dieu l'a révélé? Nous faisons
alors une autre réponse, & nous disons que
c'est

c'est à cause des miracles qui ont été faits pour confirmer que cette Doctrine venoit de Dieu ; &, que nous croïons ces miracles à cause du nombre & de la qualité des témoins qui en ont certifié la vérité. On voit par cette Analise, que la croïance des Articles particuliers suppose nécessairement qu'on a d'ailleurs une certitude raisonnable qu'ils ont été révélés de Dieu. Ainsi, cette Proposition, *Dieu a révélé tel ou tel Dogme*, étant un principe que la Foi divine ou théologique suppose, elle peut avoir quelque évidence en elle-même, ou du moins être évidemment prouvée d'ailleurs ; car, rien n'empêche, que les principes & les fondemens de la Foi n'ayent quelque Evidence, comme nous allons le faire voir par deux Exemples, l'un pris de la Foi humaine, & l'autre pris de la prémiere des deux Propositions sur lesquelles nous avons dit que tout acte de Foi divine est fondé.

Dans la Foi humaine, il est souvent évident, & même d'une évidence phisique, que le témoin, sur la parole duquel nous croïons, nous atteste ce que nous croïons. Par exemple, un de mes Amis me dit qu'il a vû le Roi qui alloit à la Chasse, il m'est évident qu'il m'assûre cette chose, & même d'une évidence phisique, puisque mes propres Sens me l'attestent.

L'autre Exemple, qui met cette vérité hors de doute, est celui du premier principe de la Foi théologique, savoir cette Vérité capitale : *Tout ce que Dieu dit est véritable.* Cette Vérité est évidente, comme

me nous l'avons remarqué ci-dessus. Rien
donc n'empêche que les principes & fondemens de la Foi, soit humaine, soit divine,
ne soient évidens. Il faut même qu'ils
aient quelque Evidence; sans quoi, la Foi
ne seroit pas une Persuasion raisonnable,
mais une téméraire & aveugle Crédulité.
Car, comme pour marcher fermement, il
faut marcher sur quelque-chose d'immo-
bile, de même afin que notre Foi soit solide, il faut qu'elle s'appuie sur quelque-
chose d'évident.

CELA fait voir combien est vaine l'Imagination de ceux qui craignent, que, si on
soutient que la Foi se résoud en quelque-
chose d'évident, on ne ruïne sa nature, &
qu'on ne la métamorphose en Science. Bien
loin de-là : si on ne lui donne pour fondement une Evidence de témoignage, on la
métamorphose en une sote & téméraire
Crédulité; & c'est ce que font ceux qui
s'imaginent qu'il faut croire à l'aveugle &
sans savoir pourquoi.

CHAPITRE IV.

Quel est le Dégré précis d'Evidence, que doivent
avoir les Preuves de la Révélation?

NOUS avons fait voir dans le Chapitre
précédent, qu'afin de pouvoir croire
une chose comme révélée de Dieu, il faut
que nous soïons certains que Dieu l'a effectivement révélée; & que les preuves, sur

les-

lefquelles nôtre Perfuafion eft fondée, doivent être évidentes à leur maniere. Nous
allons rechercher préfentement, quel eft le
Dégré précis d'Evidence que doivent avoir
les motifs qui nous portent à croire, &
quelle eft la Certitude qu'ils doivent être
capables de faire naître. Après quoi, nous
nous appliquerons à découvrir fi la Religion Chrétienne a des Preuves de ce caractere; &, enfin, nous indiquerons la fource
où l'on peut fûrement puifer les dogmes
qu'elle enfeigne, & la maniére dont on
peut & doit s'en inftruire dans ladite
fource.

Pour en venir préfentement à la prémiere de ces trois Queftions, il faut fe fou-
venir de ce que nous avons dit dans le
Chapitre I., qu'il y a trois Sortes d'Evidence & de Certitude, favoir, la certitude
métaphifique, la certitude phyfique, & la certitude morale, qui font fondées fur trois divers
ordres d'impoffibilités qui leur répondent,
c'eft-à-dire, une impoffibilité métaphifique,
une impoffibilité phifique, & une impoffibilité morale.

L'Impossibilité métaphifique eft la
plus forte de toutes. C'eft celle qui convient
aux chofes qui ne peuvent être autrement
fans contradiction. C'eft ainfi qu'il eft impoffible, que deux & deux ne foient point
égaux à quatre, que le tout ne foit pas plus
grand que fa partie, qu'une chofe foit & ne
foit pas en même tems, &c.

L'Impossibilité phyfique n'implique point à la vérité de contradiction;

mais,

mais elle ne peut être ſurmontée que par un Agent ſurnaturel. C'eſt ainſi qu'il eſt impoſſible de reſſuſciter un mort.

L'Impossibilité morale eſt encore moins invincible que la précédente. Elle convient aux choſes qui ne peuvent être autrement ſelon le train commun & ordinaire des choſes humaines. C'eſt ainſi que je juge impoſſible qu'il n'y ait pas en Italie une Ville, qu'on apelle Rome; parce qu'il ne me paroît point poſſible, humainement parlant, que tous ceux qui me l'aſ-ſûrent, ſoient convenus de me tromper ſur ce ſujet: de ſorte que je doute auſſi peu de l'éxiſtence de la Ville de Rome, que ſi je l'avois vuë de mes propres yeux. Voilà en peu de mots ce que c'eſt que ces trois ordres d'impoſſibilités, qui fondent les trois diverſes eſpèces d'évidence & de certitude, dont nous avons parlé ci-deſſus.

Cela poſé, je dis I. qu'il ne ſuffit point que les preuves, qui juſtifient que c'eſt Dieu qui a révélé ce que nous croïons, ſoient probables; mais qu'il faut qu'elles ſoient évidentes, du moins étant priſes toutes enſemble, & accompagnées de tout ce qui peut les fortifier. La raiſon en eſt qu'il eſt extrêmement important de ne ſe pas tromper ici, & de ne pas prendre pour une Révélation divine ce qui ne l'eſt pas en éffet. D'où il s'enſuit que nous ne devons pas croire légérement en cette ma-tiére, & qu'il faut que les preuves qu'on nous allegue pour nous perſuader que Dieu a révélé telle ou telle Doctrine, ne nous laiffent aucune crainte légitime de nous tromper là-deffus. Or des preuves, qui ne feroient que probables, ne nous ôteroient pas cette jufte crainte que nous aurions de nous tromper: il eft donc vifible que ces fortes de preuves ne fuffifent pas fur le fujet dont il eft queftion, & par conféquent qu'il en faut d'évidentes. Mais il s'agit maintenant de favoir laquelle de ces trois fortes d'évidence, dont nous avons parlé, eft requife, ou du moins fuffit pour nous perfuader légitimement que Dieu a révélé ce que nous croïons. C'eft ce qui nous refte à examiner, & fur quoi nous allons faire les Obfervations fuivantes.

Je dis donc II. que l'évidence métaphifique n'eft pas néceffaire pour cet effet; parce qu'il y a beaucoup de chofes dont on eft légitimement perfuadé fans une telle évidence. D'ailleurs, à peine conçoit-on comme poffible d'avoir une certitude métaphifique d'un Fait de la nature de celui-ci, qui dépendoit purement de la libre volonté de Dieu, & non de la nature des chofes. Pour avoir une certitude métaphifique d'un tel Fait, il faudroit que Dieu nous en donnât une connoiffance auffi certaine que celle que nous avons de nôtre propre exiftence; ce qui ne paroît guéres poffible, ni même guéres compatible avec la nature de la Foi.

III. Je dis la même chofe de l'évidence phifique que de la précédente, favoir qu'elle n'eft pas néceffaire non plus; pour que

nous

nous puiſſions être ſolidement perſuadés de
la Révélation. Car, pour avoir une telle
évidence, il faudroit que Dieu revelât à
chacun de nous, ſoit immédiatement par
lui même, ou par un Ange de lumiere,
qu'il a autrefois declaré la volonté aux
hommes par le miniſtére des Prophêtes &
des Apôtres ; que les Livres, qui portent
aujourd'hui leurs noms, ſont véritablement d'eux ; qu'ils ſont parvenus juſqu'à
nous ſans altération ; & enfin que chaque
paſſage, du moins par raport à ceux qui
ſont obſcurs, & dont le ſens eſt controverſé,
doit être entendu d'une telle ou telle maniere. Or ce n'eſt pas de la ſorte que la
Sageſſe divine a jugé à propos d'agir, &
il a plû à ſa Providence de choiſir une autre vöie pour nous inſtruire des Vérités de
la Religion. On ne peut donc pas dire que
la Révélation immédiate, & une évidence
phiſique de ſa Divinité, nous ſoit néceſſaire,
afin de pouvoir être ſolidement perſuadés
de ce que la Religion nous enſeigne. Une
évidence morale ſuffit pleinement pour nous
donner une certitude raiſonnable & bien
fondée. En effet, combien croïons-nous
de choſes que nous ne ſavons que par cette
vöie ? Qui doute, par exemple, qu'il n'y
ait une Ville qui s'apelle Rome, & une
autre qui s'apelle la Mecque, quoi qu'il
n'ait jamais vû ni l'une ni l'autre ? S'aviſe-
t-on de douter que le Grand-Seigneur n'ait
ſon Siége à Conſtantinople, & le Sophi de
Perſe le ſien à Hiſpahan ? Doute-t-on qu'il y
ait eu un Alexandre, un Ceſar ; que l'un ait

vaincu Darius, & l'autre Pompée? Et cependant nous n'avons de tout cela qu'une évidence & une certitude morale.

L'ÉVIDENCE morale suffit donc pour nous assûrer de la Révélation, & pour servir de fondement & de baze à la Foi: mais, d'un autre côté, elle est absolument requise. Car, puisqu'il ne suffit pas que les preuves de la Révélation ait de la vraisemblance, & qu'elles n'ont pas d'ailleurs ni l'évidence métaphisique, ni la phisique, comme on le vient de voir, il faut de toute nécessité qu'elles ayent une évidence morale. D'ailleurs cette sorte d'évidence est celle qui s'accorde le mieux avec la nature de la Foi, comme nous le dirons bientôt.

MAIS, avant que de le montrer, il est bon de remarquer, qu'on peut distinguer plusieurs sortes d'évidence morale. Elle naît quelque fois du témoignage de tant de personnes; & il est d'ailleurs si peu croïable que ces personnes se trompent sur le fait qu'elles attestent, ou que sachant la vérité, elles la déguisent volontairement, qu'on peut en être aussi assûré que si on l'avoit vû de ses propres yeux. C'est ainsi que nous savons un grand nombre de Faits passés, par exemple qu'Alexandre défit Darius, que César vainquit Pompée & usurpa l'Empire.

ELLE vient quelque fois d'un grand nombre d'indications & de conjectures, chacune desquelles prise à part pouvant tromper, il est moralement impossible qu'elles le fassent toutes ensemble. Par

exem-

exemple, on ne ſait ſi l'on doit attribuër à
un ancien Auteur un ouvrage qui porte ſon
nom. Un habile Critique remarque que le
ſtile eſt très-different de celui de l'Auteur
auquel il eſt attribué, & même de celui des
Auteurs du ſiécle auquel a véçu cet Ancien,
& qu'il contient des expreſſions qu'on ne
trouve que dans les Auteurs des ſiécles ſui-
vans. Il obſerve qu'il eſt parlé dans cet
ouvrage de certains événemens qui ne ſont
arrivés que long-tems après la mort de cet
Auteur. Il remarque qu'il y a des choſes
contraires aux ſentimens que l'Auteur en
queſtion a ſoutenu avec le plus de fermeté
dans ſes véritables ouvrages. Il fait attention qu'aucun Auteur contemporain n'a
attribué cet ouvrage audit Ecrivain, que
même on ne l'a cité que long-tems après,
& qu'alors on l'a attribué à quelque autre. Il voit encore que les plus anciens
Manuſcrits ne portent point le nom de
cet Auteur, mais d'un autre Ecrivain poſté-
rieur.

IL n'y aucune de ces indications qui
ſoient infaillibles, ſi l'on excepte celle
qui eſt priſe de la mention, qui eſt faite
dans cet ouvrage, de certains événemens qui
ne ſont arrivés qu'après la mort de l'Auteur
auquel on l'attribuë; car celle-ci prouve
invinciblement, ou que cet ouvrage n'eſt
pas de lui, ou du moins qu'on y a ajouté les
endroits où il eſt fait mention de quelques
événemens poſtérieurs à ſon tems. Quoiqu'il en ſoit, les autres indications ne ſont

 pas

pas infaillibles, étant prises chacune a part; néanmoins comme elles sont toutes assez pressantes, & qu'elles sont en grand nombre, lorsqu'on les considere toutes ensemble elles produisent un degré de certitude qui est considerable. Il en est à peu près de ces conjectures en cette occasion, comme des marques qui font connoître les choses : il est rare qu'elle soient certaines, si on n'en joint ensemble un grand nombre ; mais, quoique chacune de ces marques prise à part puisse couvenir à d'autres sujets, on ne peut pas dire la même chose de toutes ensemble. Il en est, dis-je, à peu près de même des conjectures d'une critique judicieuse : chacune de ces conjectures, considerée à part, pourroit être trompeuse ; mais on n'a jamais remarqué d'occasions, où étant réünies toutes ensemble elles ayent trompé.

Outre ces deux espèces de certitude morale, dont on vient de parler, on peut en établir une troisième, & c'est celle qui resulte de l'union des deux autres. Quoiqu'il en soit des deux premieres espèces de certitude, on ne peut du moins nier que cette troisième ne suffise pour servir de fondement à la Foi. Je ne dirai pas avec certains Theologiens, qu'elle est plus convaincante que les démonstrations de Geometrie, ni qu'elle l'emporte sur ces dernieres. Je ne suis pas de ce sentiment. Mais je soutiens que cette certitude est très-grande & qu'elle suffit pour opérer une conviction

tion

tion qui excluë, non ſeulement tout doute, mais même la plus legére crainte de ſe tromper.

AJOUTONS à cela que l'évidence morale eſt très-propre de ſa nature à la production de la Foi. Ce qu'on peut montrer par deux raiſons. La premiere eſt que cette eſpèce d'évidence eſt capable de faire impreſſion ſur toutes ſortes d'eſprits; au lieu qu'il y en a peu qui ſoient en état de comprendre les demonſtrations métaphiſiq es & mathématiques. D'où il paroît qu'il étoit digne de la Sageſſe de Dieu de donner une évidence morale aux vérités révélées, la Foi étant un devoir qu'il éxige, non ſeulement des Savans & des Philoſophes, mais généralement de tous les hommes ſans en excepter les ſimples & les ignorans.

UNE autre raiſon qui prouve encore que l'évidence morale eſt la plus propre de toutes pour accompagner la Foi, c'eſt que cette ſorte d'évidence étant exterieure au ſujet & même fort bornée, elle rend bien la choſe évidemment croïable, mais elle lui laiſſe toûjours une certaine obſcurité qui s'accorde très-bien avec la nature de la Foi. Quelque convaincu, par exemple, que je ſois de l'exiſtence de la Ville de Rome, la perſuaſion que j'en ai eſt accompagnée de quelque choſe d'obſcur, qu'elle n'auroit pas ſi je la voïois de mes propres yeux. Cela vient de ce que l'objet ne m'eſt pas évident par lui-même, il ne me l'eſt que par les yeux & le témoignage d'autrui.

C 4

CON-

CONCLUONS de tout ce qui vient d'être dit dans ce Chapitre, que, pourvû qu'en faisant l'analise de notre Foi, nous n'avancions aucune Proposition qui n'ait au moins cette évidence qu'on nomme morale, nous ne dirons rien dont des personnes raisonnables ne doivent se contenter. Par conséquent, lorsqu'on nous demandera d'où nous savons que les Livres du Nouveau Testament sont ceux-là mêmes qui furent composés par les Apôtres & par les autres Ecrivains Sacrés; lors même qu'on nous demandera d'où nous savons que ces Livres n'ont point été altérés par les Copistes, ou autrement, du moins dans les choses essentielles; ou d'où nous sçavons enfin que la Version de ces Livres que nous avons en notre langue est fidele & conforme à l'Original; nous repondrons solidement à toutes ces questions, en disant que nous n'en avons point de certitude metaphisique ni phisique sur toutes ces choses, mais que nous en avons une certitude morale, & beaucoup plus grande que celle que nous avons de ces mêmes choses à l'égard des Ouvrages de Virgile & de Ciceron. C'est une chose certaine, & qui ne demande pas que nous nous y arrêtions davantage.

CHAPITRE V.

Qu'il n'eſt pas néceſſaire que les preuves de la Révélation aïent le plus haut degré d'évidence morale.

L'Evidence morale, auſſi bien que les deux autres eſpèces d'évidence, eſt ſuſceptible de pluſieurs degrés, dont les uns ſont élevés au-deſſus des autres. Les choſes les plus proches des tems & des lieux, où nous vivons, ſont ordinairement plus évidentes à notre égard que celles qui en ſont plus éloignées. Ainſi, il eſt plus évident à notre égard qu'il y a eu un *Henri IV.* Roi de France, qu'il ne l'eſt qu'il y a eu un Roi à Rome appellé *Numa Pompilius.* Ainſi, quoique je ne doute pas de l'exiſtence de la Ville de la Mecque, je ne laiſſe pas d'être plus certain de celle de la Ville de Rome.

Je dis donc qu'il n'eſt pas néceſſaire que les preuves, qui juſtifient que ceſt Dieu qui a révélé ce que nous croïons, aïent par raport à nous le même dégré d'évidence que celles qui nous perſuadent qu'il y a en Italie une Ville qu'on appelle Rome. Une évidence de beaucoup inferieure à celle-là ſera toujours évidence, & capable de nous donner de la certitude. Il eſt certain que Dieu n'a pas donné à la Révélation tout l'éclat de cet ordre, dont il auroit pû l'accompagner. Il n'avoit qu'à changer un peu les circonſtances dans les événemens

que

que fa Providence a difpenfés, pour faire
que perfonne n'en pût douter. Je n'en
marquerai que deux exemples, où cela fe
voit d'une maniere bien fenfible, fçavoir la
Réfurrection de Jefus-Chrift, & fon Afcenfion dans le Ciel. Si Dieu avoit voulu que
le corps de Jefus Chrift demeurât quatre
ou cinq heures davantage dans le tombeau;
s'il eût ordonné aux Apotres d'aller de fa
part fommer Herode, Pilate, Caiphe, &
tout le grand Sanhedrin de venir au Sepul-
chre pour être les témoins & les fpectateurs
de la Réfurrection de leur Maître; fi, a-
près qu'ils auroient reconnu leurs fceaux,
les Anges, qui aparurent aux Femmes de-
vôtes qui venoient pour embaûmer fon
corps, fe fuffent montrés à tous ces impies, & qu'ils euffent enlevé en leur pre-
fence la pierre qui fermoit l'entrée du fe-
pulchre; & qu'enfuite ce grand Sauveur fût
forti vivant de fon tombeau, qu'il fe fût fait
voir à eux plein de gloire & de majefté,
qu'il leur eût montré les playes de fes mains,
de fes piés & de fon côté, leur permettant
de les toucher. Si enfin, voulant monter
au Ciel, il fût parti, non de la montagne des Oliviers, mais d'une des places
les plus frequentées de Jerufalem, ou mé-
me du Parvis du Temple, dans le tems
que tout le Peuple y étoit affemblé, qui
doute que de tels prodiges n'euffent perfuadé ces impies?

Dieu pouvoit fans doute facilement ope-
rer tout ce qu'on vient de dire, & y ajoûter cent autres chofes qui auroient mis les

Vérités du falut dans le plus grand jour :
mais il n'a pas jugé à propos de le faire.
C'eft ce qui paroit non feulement par la
chofe-même, mais encore par plufieurs dé-
clarations très-expreffes que l'Ecriture contient à ce fujet. Témoin le nom de Mifteres donné aux Vérités du Salut. Témoin
le nom qu'Ifaïe donne à Dieu, l'apellant
un Dieu caché, ou, comme porte l'Original,
un Dieu qui fe cache, comme s'il ajoûtoit de
nouveaux voiles & de nouvelles ténébres
aux voiles & aux ténébres qui le cachent
naturellement, l'infinie élevation de fa nature le rendant incomprehenfible à des Créatures auffi foibles que nous, & dont l'entendement eft fi borné. C'eft pourquoi David dit au Pf. XCVII. 2. que *Dieu habite
parmi les nuages & l'obfcurité* ; & au Pf.
XVIII. 12. *Qu'il a choifi les ténébres pour
fa retraite.* Il femble à la vérité que St.
Paul veuille dire le contraire, lorfqu'il af-
fûre que Dieu habite dans la lumiere, mais
il confirme la même chofe en nous apre-
nant que cette lumiere eft inacceffible.

Ce Deffein que Dieu a de fe cacher du
moins en partie, & de ne fe découvrir, pour
ainfi dire, qu'à moitié, paroit fe manifefter
également par la conduite que tient la Providence, tant dans l'ordre de la Nature,
que dans celui de la Grace. C'eft ce qui
fait dire à plufieurs Proteftans qu'on ne peut
donner de meilleure raifon que celle-là
pourquoi les Fideles & les Elus font affu-
jettis à la mort comme les autres. En effet, l'obligation de mourir qui vient du péché

ché aïant été abolie à leur égard par la Satis-
faction de Jesus-Christ selon le Sistème
Protestant, il semble qu'ils ne devroient
pas être sujèts à la mort. Pourquoi donc
n'en sont-ils pas exempts ? D'ailleurs ne
semble-t-il pas que, si cela arrivoit, rien ne
contribuëroit davantage à la gloire & au
triomphe de la Religion ? Quelle preuve
plus éclatante pourroit-on s'imaginer pour
en prouver la Divinité ? C'est pour cela-mê-
me, répondent les Protestans dont nous
parlons, que Dieu assujettit les justes à la
Loi commune, & qu'ils ne sont pas plus
exempts de mourir que les irrégénerés ;
parce que la vérité de la Religion seroit
trop visible, si les gens de bien étoient im-
mortels.

MAIS on demande, pourquoi Dieu se
cache-t-il de la sorte, & pourquoi n'a-
t-il pas voulu donner aux Vérités révélées un plus haut dégré d'évidence ? Voici la raison qu'en rendent Mr. Arnaud &
Mr. Nicole, au Liv. de la Perpet. de la Foi,
Part. I. *Dieu*, disent-ils, *n'a point voulu que
les Véritez de la Foi fussent proposées aux
hommes avec tant d'évidence, qu'il n'y restât
un grand nombre de nuäges, propres à aveu-
gler les esprits superbes, à servir de piéges
aux esprits impurs, & à humilier sous ces
ténébres salutaires ceux-mêmes qui le cherchent sincérement.* Et un peu plus bas ils
ajoutent : *S'il veut découvrir aux uns ses
mysteres par misericorde, il veut les cacher
aux autres par justice. Et, comme sa justice
ne fait pas moins partie de sa Providence que*

sa

sa misericorde, on peut dire que les ténèbres qui couvrent les mysteres sont autant dans l'ordre de Dieu que les lumieres qui les découvrent. Cette idée paroit bien dure, & je ne sai s'il y aura beaucoup de gens qui s'accommoderont de ces piéges qu'on veut que Dieu tende aux hommes.

Il y en a d'autres qui disent que les loix de la sagesse vouloient que Dieu ne donnât pas un plus haut degré d'évidence aux Vérités révélées que celui que nous voïons qu'il leur a donné; parce que la sagesse ne permet jamais de rien faire d'inutile. Or rien n'auroit été plus inutile, ajoûtent-ils, que de donner aux Vérités du Salut un plus haut dégré d'évidence; car, qui est-ce qui en auroit profité? Seroient-ce les Elus? Mais les Elus se sauvent sans cette plus grande évidence. Seroient-ce les Réprouvés? Mais, tout au contraire, ils n'en seroient devenus que plus criminels devant Dieu, & plus miserables dans la vie à venir. D'où ils concluënt que, puisque Dieu ne vouloit pas convertir ni régénerer les Réprouvés, il étoit de sa bonté pour ces malheureux, & de l'horreur qu'il a pour le crime, de ne leur pas mettre devant les yeux une lumiére qui ne serviroit qu'à les rendre plus inexcusables.

Mais, ceux qui font cette Réponse entendent-ils que les Elus sont apellés à la Foi, convertis & sauvés par une Grace efficace par elle-même & irrésistible? S'ils l'entendent de la sorte, la raison qu'ils alleguent prouve trop, & par conséquent

ne

ne prouve rien; car, il s'enfuivroit de-là
que Dieu n'auroit pas même dû donner
aux Vérités révélées une auffi grande évidence que celle qu'elles ont. En effet, les
Elus ne laifferoient pas d'être fauvés fans
une telle évidence, par le moïen de cette
Grace invincible & toute puiffante, qui ne
peut jamais être fruftrée de fon effet. Et
les Reprouvés, de leur côté, auroient été
beaucoup moins coupables, en rejettant
des Vérités qui n'auroient pas été appuïées
fur des preuves auffi fortes. Il auroit été
par conféquent de la bonté de Dieu, fuivant cette hypothèfe, de ne leur pas mettre
devant les yeux une lumiere fi vive & fi
éclatante; parce qu'elle ne fert qu'à les
rendre plus criminels & plus inexcufables.

C O M M E les deux Reponfes qu'on vient
de voir, ne me paroiffent pas bien folides
ni fort fatisfaifantes, nous en ajoûterons
ici une troifiéme que je trouve plus vrai-
femblable. Elle confifte à dire que Dieu
n'a pas voulu donner aux Vérités de la Religion le plus haut dégré d'évidence
morale; parce que fon intention n'eft pas
de fe faire connoître aux hommes malgré
eux, ni de les forcer, pour ainfi dire, à
fe foûmettre à la Religion qu'il a daigné
de leur prefcrire. Il veut que le Culte qu'ils
lui rendent foit volontaire, & que leur ac-
quiefcement aux Vérités qu'il a revelées,
foit un fruit de leur attention, de leur
examen, & de leur amour pour le vrai.
C'eft pourquoi il s'eft manifefté aux hommes, non de la maniere qu'il plaît aux
In-

Incrédules de s'imaginer qu'il auroit dû faire, mais de la maniere que fa Sageffe infinie a trouvé la plus convenable pour les fins qu'il fe propofoit. Si Jefus-Chrift s'étoit montré publiquement dans Jerufalem après fa Réfurrection, s'il étoit monté au Ciel en préfence de tout le peuple de cette grande Ville, la Foi fe feroit changée en vûë. Or, ce n'eft pas de la maniere, que la Sageffe divine juge à propos de nous conduire pendant cette vie. Il fuffit que Jefus-Chrift & fes Apôtes aient guéri un nombre infini de malades & reffufcité plufieurs morts. Cela étoit néceffaire pour prouver la Divinité de leur Miffion : mais auffi n'en failloit-il pas davantage, parce qu'il ne s'agiffoit pas de mettre les hommes dans la néceffité abfoluë de croire, malgré qu'ils en euffent ; mais, feulement de leur donner des preuves, qui puffent leur perfuader fuffifamment la Divinité de cette Doctrine, après qu'ils auroient fait un bon ufage de leur faculté de raifonner.

CHAPITRE VI.

Où l'on examine fi la Religion Chrétienne a des preuves fuffifantes de fa Divinité.

APRE'S avoir vû quelle doit être l'évidence des preuves de la Révélation, il nous faut préfentement rechercher fi Dieu a véritablement manifefté fa volonté aux hommes par cette voie extraordinaire. La
chofe

chofe eft poffible fans contredit, & on peut
dire même qu'elle n'eft pas deftituée tout-
à-fait de probabilité, à la confiderer en
elle-même. Car, s'il y a un Dieu, c'eft-
à-dire, un Etre intelligent & tout-parfait,
qui a créé le Monde & qui le gouverne;
(ce que je fuppofe ici comme une vérité
claire & évidente pour quiconque réflé-
chit fur ce qui fe paffe en lui même, &
fur ce qu'il aperçoit au dehors de foi):
fi, dis-je, il y a un tel Etre, comme il eft
indubitable qu'il y en a un, on ne peut
douter qu'il n'ait pû, s'il l'a voulu, fe communiquer aux hommes par la Révélation,
& leur faire connoître par cette voïe ce
qu'il leur importoit le plus de favoir. J'a-
joûte qu'il n'eft pas même incroïable qu'il
l'ait fait; car feroit-il étonnant que la Divinité s'intéreffât au bonheur de l'homme,
qui eft fon ouvrage; que l'aïant placé au
milieu d'une infinité d'objets différens, elle
prenne foin de l'inftruire de l'ufage qu'il en
doit faire; & que, le laiffant fi peu de
jours fur la terre, elle l'avertiffe du fort
qui l'attend après cette vie, fuivant l'emploi qu'il aura fait de ce tems.

CEPENDANT les Incrédules nient la
vraifemblance d'une Révélation: ils difent
que l'homme eft fi peu de chofe, fur-tout
étant comparé à Dieu, qu'il n'eft pas
croïable qu'il attire l'attention de cette Majefté infinie, ni qu'elle fe foucie de fon
Culte.

J'AVOUE fans repugnance que l'homme
n'eft rien, ou prefque rien, devant Dieu,

mais

mais quelque peu qu'il mérite que Dieu s'en soucie, est-il indigne de sa bonté de s'en soucier? Les hommes méritoient-ils davantage d'être créés, d'être conservés? Puis donc que leur bassesse n'a pas empêché sa bonté infinie de les produire, puis qu'elle ne l'empêche pas de les conserver, pourquoi l'empêcheroit-elle de veiller sur leurs actions?

D'AILLEURS cette Objection tire toute sa force d'une fausse supposition. Elle suppose que Dieu n'agit que par intérêt; mais, si cela étoit, Dieu auroit-il créé le Monde? Auroit-il formé des hommes? Car quel besoin avoit-il d'eux, & que peuvent-ils contribuer à son bonheur? Il est donc bien plus digne de sa grandeur, & de l'élévation infinie de sa nature, de penser qu'il n'agit à l'égard des Créatures que par un principe de bonté pour elles, ou du moins par amour pour l'ordre qui est en soi la chose du monde la plus aimable. Cependant, si on pose l'une ou l'autre de ces deux choses, l'objection perd toute sa force. En effet, si Dieu agit par un pur mouvement de bonté pour les hommes, plus ces hommes seront abjets, plus la bonté, qui le porte à s'abaisser jusqu'à eux, sera merveilleuse: &, si c'est par amour pour l'ordre, la bassesse des hommes ne l'empêchera pas d'agir; l'ordre étant toûjours grand & admirable par-tout, quelque petit qu'en soit le sujet.

AJOUTONS de plus, que la prétension des Déistes est contraire aux Notions communes que nous aportons en naissant, ou du moins que la Lumiere naturelle nous dicte, dès que nous sommes capables de faire usage de nôtre Raison. Car chacun (sans en excepter les plus Barbares) chacun, dis-je, entend au fonds de son cœur la voix de la Nature, qui lui dit d'une maniére très-intelligible, qu'il faut adorer la Divinité; qu'il faut la servir; que, si on refuse, ou que, si on néglige, de le faire, on doit s'attendre à en être puni. Rien n'est donc plus conforme aux Lumieres de la Raison que ce qu'ils contestent. Ainsi leur sentiment n'est point du tout probable.

Les principes mêmes qu'ils admettent suffisent pour les combattre victorieusement, & pour renverser leur opinion; car ils avouént que l'homme est l'ouvrage de la Divinité, ils conviennent que c'est Dieu qui lui a donné la Raison & l'Intelligence. Mais, pourquoi nous a-t-il fait un si riche Présent? Est-ce afin que nous en abusions, & que, si la fantaisie nous en prend, nous nous en servions à l'outrager lui-même & à le blasphémer? C'est ce qu'il est impossible de se persuader, parce que cela est directement contraire à l'idée que nous avons naturellement de la justice & de l'équité. Il y a donc bien plus lieu de se persuader que Dieu ne nous a donné la Raison, qu'afin que nous en faissions un bon usage. Or quel meilleur usage en peut-on faire, que de l'emploïer à reconnoître les bienfaits du Créateur, en l'adorant & en lui rendant les hommages que la Raison nous apprend lui être dûs de nôtre part? Il est donc natu-

rel

rel de penser que c'est pour cela principalement qu'il nous a doüés d'intelligence.
On voit par-là que les principes qu'admettent les Déïstes fournissent des armes contre eux, & qu'ils suffisent pleinement pour
détruire l'hypothèse que nous combatons.

Je vais plus loin presentement, & je dis
que, si Dieu nous a donné la Raison, afin
que nous en fassions un bon usage, afin
que nous méditions ses bienfaits, que nous
lui en rendions des actions de graces, en
un mot pour que nous nous appliquions à
vivre d'une maniere conforme à ce qu'éxige
de nous une Nature raisonnable; il s'ensuit
de-là que ceux qui s'acquittent de ces devoirs méritent des loüanges & des récom-
penses, & que ceux au contraire qui refusent, ou qui negligent de les remplir, sont
dignes de blâme, & qu'ils méritent d'en
être punis. Or, si ne servant point Dieu
ils méritent d'en être punis, n'est-il pas
juste de se persuader qu'ils le seront effectivement, si quelque autre chose ne l'empêche? N'est-il pas conforme à la Raison de
se représenter Dieu dans le monde, comme un Prince dans son Etat, appliqué à y
maintenir le bon ordre, en punissant le Vice
& en récompensant la Vertu?

Mais ce n'est pas encore tout. Si la
Raison, si la Conscience nous dicte que
Dieu éxige des hommes certains devoirs;
qu'il ne manquera pas de punir ceux qui
refusent ou qui négligent de s'en acquitter,
& de récompenser au contraire ceux qui
sont exacts à les remplir, parce que cela

est

eſt conforme à l'idée que nous avons naturellement de ce qu'exigent l'ordre & la
juſtice; n'eſt-il pas dès-là tout-à-fait vraiſemblable que Dieu aura fait connoître ſa
volonté aux hommes d'une maniere particuliére, c'eſt-à-dire, par la Révélation;
qu'il leur aura preſcrit de quelle maniere il
veut être ſervi d'eux, & qu'il les aura
inſtruits de ce qu'ils doivent eſpérer ou
craindre après cette vie?

ON ne peut nier du moins qu'il ne ſoit
à ſouhaiter que la choſe fût ainſi; car il eſt
aiſé de comprendre que ſi l'intelligence,
que l'Homme a reçuë de Dieu, a beſoin de
quelque ſecours pour ſe développer, de
quelque inſtruction venant du dehors, aucune ne pourroit lui être auſſi avantageuſe,
que celle qui lui ſeroit diſpenſée par l'Auteur même de ſon être. Ainſi, voila déjà
la poſſibilité & même l'utilité d'une Révélation reconnuë. Mais, c'eſt du Fait dont
il s'agit, & j'avouë que ce Point-ci eſt le
plus difficile à prouver. Ne perdons cependant point courage, & tâchons de decouvrir ce qui en eſt.

PERSONNE n'ignore qu'il a paru en
différens Siécles des Perſonnages célébres,
qui ſe ſont dits envoïés de Dieu pour annoncer de ſa part certainés Doctrines ou
certaines Loix aux autres Hommes, & qu'ils
ont prétendu prouver leur Miſſion par des
Signes extraordinaires. Mais, comme il
n'eſt perſonne qui ne ſente combien il importe aux Hommes de ne pas s'en laiſſer
impoſer ſur un ſujet de telle importance,
cha-

chacun conviendra sans doute qu'on ne doit pas croire legérement en pareille rencontre, & qu'il faut au contraire examiner en toute rigueur, tant la Doctrine qui nous est proposée comme révélée de Dieu, que les preuves que ceux qui nous l'annoncent prétendent nous donner de la Divinité de leur Mission ; d'autant plus que parmi ceux qui se sont glorifiés d'une commission si sublime & si extraordinaire, il y a eu sans doute beaucoup de fourbes & d'imposteurs, puisqu'ils ont publié des Doctrines & des Loix, non seulement differentes, mais souvent contraires les unes aux autres.

COMME il seroit trop long néanmoins de faire ici passer en revüe tous les Instituteurs ou prémiers Predicateurs de Religions, qui se sont vantés d'avoir servi d'Organes à la Divinité, & d'avoir reçu d'elle les Dogmes & les Loix qu'ils ont publiés, nous nous bornerons à parler seulement de ceux qui paroissent avoir été de la meilleure foi, & avoir donné les marques les moins équivoques de leur Mission divine. C'est des Apôtres de Jesus-Christ dont je veux parler ; car, s'il y a quelque témoignage recevable en cette matiere, on peut dire que c'est le leur, à cause des circonstances dont il est revêtu.

PREMIEREMENT les Faits, qu'ils ont attestés, sont tels qu'il étoit impossible qu'ils n'en sussent la verité. En second lieu, il est inconcevable que la sachant ils l'aient deguisée, aucune raison de gloire, d'intérêt, ou de plaisir, ne les y portant,

tout

tout au contraire les en éloignant; puisqu'il n'y a point eu d'outrage, ni de souf-
france, que le témoignage qu'ils ont rendu à la vérité de ces Faits ne leur ait atti-
rés. Ils ont cependant persisté à rendre le
même témoignage au milieu des plus ef-
froïables supplices : & ce qu'il y a de particulier, il ne s'en est pas trouvé un seul,
non seulement parmi les 12. Apôtres,
mais même parmi les 72. Disciples, qui se
soit dédit. Peut-on après cela les soupçonner d'avoir parlé contre leur conf-
cience?

Comme la preuve, que nous venons
de toucher en peu de mots, sert de base &
de fondement à toutes les autres, lorsqu'il
s'agit de prouver la vérité de la Religion
Chrétienne, je crois qu'il ne sera point
hors de propos de nous arrêter à la deve-
lopper un peu davantage, & à la mettre
dans un plus grand jour. C'est pourquoi
je dis, que, si les Faits que les Apôtres
ont annoncés de vive voix, & qu'ils ont
raportés dans leurs Ecrits, sont véritables,
il ne semble pas que l'on puisse raisonnablement revoquer en doute la Divinité de
leur Mission. Or, je ne vois pas que l'on
puisse avec quelque fondement contester la
verité de ces Faits. Car, pour nier la
verité de ces Faits, il faut dire de deux
choses l'une, ou que les Apôtres ont été
trompés-là-dessus ; & qu'encore qu'ils
crussent de bonne-foi les choses qu'ils pré-
choient, ces choses n'étoient pourtant
point véritables ; ou que, ne les croïant pas

eux-

eux - mêmes, mais les regardant au contraire comme des fables, ils ont néanmoins
entrepris d'en perſuader les autres hommes,
& qu'ils y ont réüſſi. Mais on ne peut
dire ni l'une ni l'autre de ces deux choſes.
Au contraire rien n'eſt plus aiſé que de
faire voir 1. que les Apôtres n'ont pû ſe
tromper ſur les Faits qu'ils ont annoncés
tant de vive voix que par écrit; 2. qu'ils
n'ont point voulu en impoſer là-deſſus aux
autres hommes ; 3. que, quand ils auroient voulu tromper les autres ſur ce ſujet,
ils n'auroient jamais pû en venir à bout.

I. Je dis que les Apôtres n'ont pû ſe
tromper ſur les choſes qu'ils raportent ;
çar, il ne ſe peut que les Diſciples de Jeſus-
Chriſt ſe ſoient trompés, premierement ſur
des Faits ſi ſenſibles, & ſi palpables, qu'il
ne faloit que des yeux pour voir & des
mains pour toucher ; en ſecond lieu, ſur
un ſi grand nombre de Faits , tous différens
les uns des autres par leurs circonſtances ; en
troiſieme lieu, ſur des Faits ſi ſuivis, & ſi
enchainés les uns aux autres , que celui qui
en admet un eſt obligé de conſentir à la Vérité des autres. Les Apôtres ne témoignent pas ſeulement qu'ils ont vû pluſieurs
fois Jeſus-Chriſt reſſuſcité, qu'ils l'ont vû
monter au Ciel, ils ſoutiennent encore que
le St. Eſprit eſt deſcendu ſur eux en forme
de Langues de feu. Ils atteſtent auſſi un
grand nombre de miracles que Jeſus-Chriſt
a faits pendant ſa vie. Or il eſt impoſſible
qu'ils aïent été trompés ſur tous ces Faits
enſemble

D 4

Il

IL est necessaire sur·tout de faire attention à ce dernier miracle, je veux dire, à la descente du St. Esprit sur les Apôtres en forme de Langues de feu. Ces Apôtres disent que par ce miracle ils ont été revêtus du don de parler toutes sortes de Langues; ils se vantent que le Grec, le Romain, le Parthe, le Persan, &c, les entendent chacun parler en leur Langue. C'est un Fait sur lequel les Apôtres ne peuvent avoir été, ni trompeurs, ni trompés. Pour trompeurs, c'est ce qu'on ne peut concevoir que des Pêcheurs aïent la hardiesse d'avancer qu'ils ont le don de parler toutes les Langues, sachant que cela n'est pas, & qu'on peut les convaincre à tout moment d'imposture & de mensonge. Mais nous parlerons de cela dans la suite, il s'agit maintenant de faire voir qu'ils n'ont pû se tromper sur ce sujet, & c'est ce qu'il est fort aisé de montrer. Ils ne pouvoient se tromper là-dessus, parce que c'est un Fait d'une experience continuelle. Ils savoient s'il leur étoit apparu des Langues mi-parties de feu; mais ils savoient encore mieux s'ils avoient reçu le Don des Langues, réprésenté par ce Simbole exterieur : le St. Esprit aïant choisi ce Don entre tous les autres pour le rendre particuliérement remarquable; parce que de tous les Dons c'est celui qui peut être le moins imité, & qui est le moins susceptible d'erreur & d'illusion. Car, je vous prie, le moien de me persuader que je parle le Persan, le Chinois, l'Arabe, & que j'entens toutes ces Langues, lorsqu'on me les parle? Et, s'il est si rare de trouver un homme attaqué de ce genre de folie, il est certainement impossible qu'il y ait un grand nombre de personnes qui s'imaginent tout d'un coup parler toutes les Langues du monde, sans que cela soit véritable.

Il faut donc demeurer d'accord, que, quand les Disciples de Jesus-Christ auroient pû être trompés sur les autres Faits, ils ne pouvoient jamais l'être sur celui-là. Un Homme ne peut ignorer s'il parle, ou ne parle pas des Langues, qui lui étoient inconnuës auparavant : deux Hommes le peuvent encore moins, douze moins encore, & septante deux le peuvent encore moins ignorer. Et, chacune de ces personnes sachant ce qui se passe en elle-même, il est impossible que tous croient avoir reçu le Don des Langues, si cela n'est pas véritable.

II. Je dis que, si les Apôtres n'ont pû se tromper sur les Faits qu'ils raportent, on peut encore moins les soupçonner d'avoir voulu tromper les autres. On ne peut pas douter que les Disciples de Jesus-Christ n'aient crû de bonne-foi les miracles, la Resurrection, & l'Ascension de leur Maître au Ciel. Pour en être persuadé, on n'a qu'à lire le Nouveau Testament depuis un bout jusqu'à l'autre : on y verra que ces choses qu'ils annoncent sont les motifs de leur vertu, de leur desintéressement, & de leur patience tant de fois éprouvée ; & qu'ils y font des allusions si naïves & si naturelles, qu'il est impossible de ne pas voir qu'ils en étoient fortement persuadés. On y remar-

quera

quera que c'eſt la perſuaſion qu'ils ont que ces choſes ſont veritables, qui leur donne le courage de s'expoſer aux plus grands dangers, & de ſoutenir les plus rudes épreuves. Ils ſe félicitent les uns les autres de tant ſouffrir pour une ſi bonne cauſe. Ils ne doutent point que leur condition ne doive un jour être meilleure, & c'eſt ce qui les remplit de joye & de conſolation au milieu des plus grandes traverſes, & des plus rudes perſécutions qu'ils ſont à eſſuïer. Or, je vous prie, ſont ce-là des caractéres d'Impoſteurs?

MAIS quand la bonne-foi des Apôtres pourroit être ſuſpecte ſur tout cela, il ne ſe peut qu'elle le ſoit en ce qu'ils prétendent faire voir des preuves ſenſibles & miraculeuſes de la Vérité des choſes qu'ils annoncent. Car, ſi les Diſciples de Jeſus-Chriſt n'étoient point dans la bonne-foi à cet égard, ils ſçavoient donc qu'ils étoient des menteurs, qu'ils ne pouvoient point faire de miracles, ni parler toute ſorte de Langues. Or, dans cette ſuppoſition, auroient-ils jamais eu la hardieſſe de s'en vanter ni d'en faire un Article eſſentiel de leur Evangile? Ils n'en auroïent pas même conçu la penſée. Ils n'auroient eu garde ſur-tout de promettre à leurs Proſelites de leur communiquer le Pouvoir de faire de miracles & le Don de parler pluſieurs ſortes de langues; parce que, ſachant par leur propre experience qu'ils ne parloient pas pluſieurs Langues, ils auroient prévû que leurs Proſélites par cette même experience ſe ſeroient bien tôt

aper-

aperçus qu'on les avoit abufés , & qu'on
leur avoit vainement & fauffement promis de les faire parler de nouveaux Lan-
gages. Quand on fuppoferoit qu'un Dif-
ciple de Jefus-Chrift auroit pû extrava-
guer jufqu'à ce point, le peut-on fuppofer de tous ? Mais, je vais encore plus
loin.

III. Je dis que, quand les Apôtres auroient voulu tromper les Hommes à l'égard
des miracles de Jefus-Chrift, & fur-tout à
l'égard de ceux par lefquels ils s'offrent
eux-mêmes de confirmer la vérité des Faits
& de la Doctrine qu'ils annoncent, ils n'auroient jamais pû en venir à bout.

Je dis premierement qu'ils n'auroient
jamais pû tromper les Hommes à l'égard des
miracles de Jefus-Chrift ; car, outre qu'ils
en citoient les lieux, les fujets, le tems, &
généralement toutes les circonftances néceffaires à la decouverte de la vérité , &
qui rendoient le menfonge impoffible ; outre
cela, dis-je, où eft-ce qu'ils rendirent d'a-
bord témoignage à la verité de ces Faits?
C'eft fur les Lieux mêmes ou les chofes fe
font paffées, c'eft dans la Judée , à Jerufalem. Et, fi vous en doutiez, on vous
fera voir par le témoignage de toute l'Antiquité, que les Apôtres établirent par leurs
Prédications une Eglife à Jerufalem. 2.
Dans quel tems publierent-ils ces Faits ?
Lorfque la memoire devoit en être toute
récente encore. Car chacun fait que c'eft
dans l'efpace de trois ans ou environ que
les Miracles de Jefus-Chiift, fa Mort, fa
Re-

Refurrection, fon Afcenfion dans le Ciel, doivent être arrivés. Or c'eft quelques femaines après ce dernier événement que les Apôtres commencerent à prêcher publiquement dans Jerufalem.

Si vous demandez enfin quelles font les preuves fenfibles que ceux, qui fe difent envoïés de Dieu pour annoncer toutes ces chofes, peuvent donner de la Divinité de leur Miffion. Les Apôtres déclarent qu'ils ont eux-mêmes reçu le Pouvoir de faire des miracles & le Don de parler toutes fortes de Langues; &, non feulement cela, mais qu'ils ont auffi la puiffance de communiquer ces Dons miraculeux à ceux qui croiront à la Doctrine qu'ils enfeignent. Or, à qui les Apôtres auroient-ils pû en impofer là-deffus? N'étoit-ce pas au contraire fournir aux Juifs & aux Gentils des moïens infaillibles pour decouvrir l'illufion ou l'impofture, fi l'une ou l'autre de ces deux chofes avoit eu quelque part en cette Affaire?

Qu'on réüniffe maintenant tous ces Faits, & toutes ces circonftances, & qu'on voïe s'il ne naît pas de leur union une Démonftration morale des plus fortes en faveur de la Religion Chrétienne.

On conviendra peut-être que les Apôtres étoient perfuadés de la vérité des chofes qu'ils prêchoient; mais, on dira qu'ils ont pû fe tromper par raport à la Caufe ou à l'Auteur de ces Faits, & prendre pour des œuvres de Dieu ce qui n'étoit qu'une illufion de quelque puiffant Génie, également ennemi des hommes & de la vérité. Je
ré-

répons d'abord à cela qu'il est inconcevable que Dieu eût permis qu'un mauvais
Génie eût ainsi abusé de son nom & de son
autorité pour en imposer aux Hommes.
J'avouë cependant que la plus forte assûrance, que nous en puissions avoir, dépend
de la qualité de la Doctrine qu'ils ont enseignée comme divinement revelée. Car,
si la Religion Chrétienne enseignoit des
Dogmes absurdes, contradictoires, c'est-
à-dire, opposés les uns aux autres, ou contraires aux Notions les plus évidentes du
Sens commun, tous les miracles imaginables ne prouveroient pas qu'elle vient de
Dieu. Au contraire, si cette Doctrine
tend à confirmer ce que l'Experience & la
Raison nous apprennent de la Nature de
Dieu & de celle de l'Homme, si elle nous
découvre plus distinctement en quoi consiste le souverain bonheur pour lequel
l'Homme se sent un penchant invincible, &
lui enseigne des moiens propres, à l'y
conduire; enfin si elle tend à rendre les
Hommes gens-de-bien, c'est-à-dire, droits,
équitables, bien-faisans, sincéres, ou vrais
dans leurs discours comme dans toute leur
conduite, on ne peut douter que cette Doctrine ne parte d'un bon Principe. Avant
que de pouvoir juger si la Doctrine
préchée par les Apôtres a ces qualités, il
faut la connoître, c'est-à-dire, savoir quels
sont les Points particuliers qui la composent; mais il ne paroit point facile de s'en
assûrer, vû que les Chrétiens, qui sont
malheureusement partagés en tant de Sectes

ou

ou de communions différentes, ont là-
dessus de violentes disputes entre eux : ce
qui est, pour le dire en passant, un grand
sujet de scandale, non seulement pour les
Infideles, mais pour beaucoup de Chrétiens mêmes, qui ne savent souvent que
penser & que croire dans une si grande diversité d'opinions & de sentimens. Tâchons
néanmoins de ne pas nous rebuter, & de
pousser sur le sujet en question nos connoissances le plus loin que nous pourrons ; &
pour cet effet examinons d'abord.

CHAPITRE VII.

Dans quelles Sources on peut sûrement puiser les vrais Dogmes de la Réligion Chrétienne.

TOUS les Chrétiens conviennent qu'on
ne doit pas admettre d'autre Doctrine
comme divine ou révélée de Dieu, (sous
la Nouvelle Alliance, s'entend) que celle
qui a été enseignée par Jesus-Christ à ses
Apôtres, & prêchée par ceux-ci aux premiers Fideles ; mais ils ont de grandes disputes entre eux, comme nous avons
déjà dit, sur les Articles particuliers qu'ils
prétendent être, ou n'être pas, de ce nombre. Cela posé, il est aisé de voir qu'on
ne peut juger de ces Controverses, ni même
de la Vérité de la Religion Chrétienne, par le
fonds de ses Dogmes, si l'on n'a quelque
moïen sûr pour s'instruire de la Doctrine de
Jesus-Christ & de ses Apôtres, & pour la distinguer

guer d'avec celle qu'on leur attribue fauſ-
ſement, ou mal-à-propos. Il s'agit donc
maintenant de ſavoir ſi nous avons quelque
moïen de cette nature.

Sur quoi je répons, que le moïen le
plus ſûr, ou plûtôt l'unique qui me paroiſſe ſûr en cette occaſion, eſt de recourir
aux Monumens autentiques que les Apôtres ou premiers Diſciples de Jeſus-Chriſt
nous ont laiſſés de la Doctrine de leur divin Maître : je veux dire à ces Ecrits Sacrés, qui portent encore aujourd'hui leurs
noms, & que nous ſavons venir d'eux par
le témoignage unanime & conſtant de tous
les Siécles qui ſe ſont écoulés depuis leur
tems juſqu'au nôtre, ainſi que nous l'avons
déjà remarqué dans un des Chapitres précédens. Il eſt donc conſtant, autant qu'un
Fait de cette nature le peut être, que ces
Ecrits ont été compoſés par les Fondateurs
du Chriſtianiſme. Or pourroit-on s'empêcher de reconnoître la validité de leur
témoignage en cette matiére? Qui pouvoit mieux ſavoir qu'eux en quoi conſiſtoit
cette Religion qu'ils prêchoient, & pour
laquelle ils ont ſouffert tant de travaux &
de perſecutions; preuve non équivoque de
leur perſuaſion & de leur bonne-foi? Il
n'eſt pas moins certain d'ailleurs que leur
Miſſion fut autoriſée par de grands miracles. Or, ſi l'on admet que ces miracles
ont été opérés par la premiere Cauſe, c'eſt-
à-dire par Dieu même, pour confirmer la
Verité de la Doctrine qu'ils prêchoient en
ſon nom, on ne peut révoquer en doute
qu'ils

qu'ils n'aient été envoiés & fuscités extraordinairement par le souverain Maître de
l'Univers pour annoncer de sa part cette
Doctrine aux autres Hommes, ni par consequent qu'ils n'aient reçu du Ciel tous les
dons & tous les secours nécessaires pour se
bien acquitter de la Commission dont il les
avoit chargés. A la vérité, les Théologiens ne font pas d'accord entre eux fur la
maniére dont les Apôtres furent inspirés;
mais ils conviennent du moins tous que le
S. Esprit leur avoit été donné pour les
empêcher de s'égarer & de tomber dans
l'erreur, lorsqu'il s'agissoit d'instruire les
Hommes de Vérités Evangeliques. Ainsi,
quoiqu'on ne sache pas bien jusqu'ou s'é-
tendoit l'opération de l'Esprit divin en ces
occasions, & qu'il ne soit pas aisé de définir jusqu'à quel point il éclairoit l'esprit
des Apôtres & dirigeoit leur plume, la dif-
ference d'opinions, qui se trouve là-dessus
parmi les Savans, ne sauroit nous empêcher
de conclure qu'on peut en toute sûreté
consulter les Ecrits des Apôtres, pour y
apprendre quels font les vrais Dogmes de la
Religion Chrétienne; vû qu'on est obligé
de convenir dans chacune de ces hypothèses qu'ils nous ont fidélement transmis
la Doctrine de leur divin Maître.

ON dira peut-être qu'il y a eu des Hérétiques dans les premiers Siécles de l'Eglise,
qui ont rejetté les Ecrits des Apôtres, comme
les Gnostiques, les Marcionites, & les Manichéens; & qu'ainsi le consentement des
Chrétiens, que nous faisons tant valoir sur

ce ſujet, n'eſt pas ſi unanime que nous le prétendons.

IL eſt vrai qu'il y a eu divers Hérétiques, dans les premiers Siécles du Chriſtianiſme, qui ont rejetté quelques-uns des Ecrits les plus autentiques des Apôtres, ou du moins qui en retranchoient certains endroits qu'ils prétendoient y avoir été ajoutés: mais je ſoutiens qu'on ne doit pas avoir égard au ſuffrage de ces Gens-là ſur cette matiére, & que leur oppoſition au ſentiment commun ne doit pas être miſe en ligne de compte pour pluſieurs raiſons. 1. Parce que ces Hérétiques ne rejettoient ces Ecrits, ou n'en retranchoient certains endroits qui leur déplaiſoient, que parce qu'ils ne pouvoient pas les concilier avec les Opinions de leur Secte. 2. Parce qu'ils ne pouvoient rien oppoſer de ſolide à la preuve de fait que l'on emploïoit contre eux; ſavoir, que les premiers Chrétiens, diſciples & contemporains des Apôtres, qui pouvoient être mieux informés que perſonne de qui venoient ces Livres, n'avoient jamais douté qu'ils n'euſſent été compoſés par les Apôtres mêmes, ou par leurs Diſciples, & enſuite aprouvés par eux; que ces anciens Chrétiens, qui avoient vécû avant la naiſſance des Héréſies, avoient toûjours lû ces Livres comme tels dans leurs Aſſemblées: ce qu'on démontroit invinciblement par les anciens Exemplaires, qui s'étoient conſervés juſqu'alors dans les Egliſes fondées par les Apôtres en perſonnes, & qui contenoient les Chapitres, ou

E

les

les Paſſages, conteſtés par les Novateurs:
3. Parce que les Sectaires en queſtion ne
faiſoient cas du témoignage des Apôtres
qu'autant qu'il s'accordoit avec les idées
qu'il leur avoit plû de ſe former ſur la
Religion. En effet, tous ces anciens Hérétiques étoient, ou des Judaïſans, c'eſt-à-
dire des Gens qui ſe croioient encore obligés à l'obſervation de la Loi de Moïſe,
comme les Cerinthiens & les Ebionites;
ou des Fanatiques & des Illuminés, qui ſe
croïoient mieux inſtruits, & plus éclairés
que les Apôtres ſur tout ce qui concernoit
la Religion, & qui ſe vantoient d'avoir
reçu des Révélations plus parfaites que
celle qui avoit été communiquée à ces
premiers Prédicateurs de l'Evangile : Tels
étoient les Gnoſtiques, les Marcionites, les
Manichéens, &c. On voit par-là, que ces
ſortes d'Hérétiques n'étoient pas même
Chrétiens, à proprement parler. Car,
pour être Chrétiens, il ne ſuffit pas de reconnoître Jeſus-Chriſt pour un vrai Prophéte envoié du Ciel, comme faiſoient les
Hérétiques dont nous parlons. A ce
compte-là, tous les Mahometans ſeroient
Chrétiens, puisqu'ils ſont tous de ce ſentiment. On n'apelle Chrétiens que ceux
qui reconnoiſſent Jeſus-Chriſt pour l'Auteur de leur Religion; & c'eſt-ce que ne
faiſoient point les Hérétiques en queſtion.
Ils prétendoient que la Religion enſeignée
par Jeſus-Chriſt n'étoit point parfaite.
Ils faiſoient profeſſion de ſuivre une autre
Révélation toute différente, & adreſſée de
nou-

nouveau à leurs Patriarches. Ils avoient
donc pour la Religion Chrétienne les mêmes fentimens qu'en ont aujourd'hui les
Mahometans, & que les Chrétiens ont
pour la Religion Judaïque ; c'eft-à-dire,
qu'ils croïoient qu'elle avoit été bonne,
mais qu'une meilleure lui avoit fuccedé.
Ainfi, quand nous parlons du confentement de tous les Chrétiens à recevoir avec
un égal refpect les Ecrits des Apôtres qui
font contenus dans le N. Teftament, nous ne
prétendons pas y comprendre les Hérétiques
dont on vient de faire mention, puisqu'ils
ne méritoient pas le nom de Chrétiens.

On objectera en fecond lieu, qu'il y a
divers Livres du Nouveau Teftament, qui
n'ont pas été univerfellement reçus comme
Apoftoliques, non feulement par tous les
Chrétiens, ni même par tous les Orthodoxes ; comme l'Epitre aux Hebreux, celle de
St. Jacques, celle de St. Jude, la feconde
de St. Pierre, les deux dernieres de St.
Jean, & l'Apocalipfe. Cela pofé, il femble qu'on ne peut faire valoir, du moins à
l'égard de ces Livres, ce confentement fur
lequel nous fondons la certitude que les
Livres du Nouveau Teftament font effectivement des Apôtres.

On peut faire plus d'une Réponfe à cette
Objection. Je dis 1. que, fi quelques
Docteurs & quelques Eglifes particuliéres
ont douté de l'Autorité de ces Livres, la
plûpart & les plus célébres les ont reçus,
comme divers Auteurs l'ont fait voir avec
beaucoup de foin & d'érudition.

Je répons 2. que quand on accorderoit qu'on n'a pas la même certitude morale par raport à ces Ecrits, que celle qu'on a par raport aux autres Ecrits du N. Testament, apellés Proto-Canoniques, qu'ils sont effectivement de ceux dont ils portent aujourd'hui les noms; & que par conséquent on ne peut pas faire autant de fonds sur l'Autorité de ces Livres, que sur celle des autres qui ont toûjours été reçus par tous les Chrétiens comme des Ouvrages indubitables des Apôtres: Quand on accorderoit tout cela, dis-je, je ne vois pas que cet aveu pût porter aucun préjudice à la Foi ou à la Religion Chrétienne; tant parce que les Ecrits en question ne contiennent rien de contraire à ce qui est contenu dans ceux dont on n'a jamais douté, que parce qu'ils n'enseignent rien d'essentiel à la Religion qui ne soit aussi enseigné avec autant de clarté dans les autres Ecrits des Apôtres, qui n'ont jamais été sujets à contestation. Ainsi, quand on auroit quelque doute sur l'Autenticité des Livres dont il s'agit, ce doute pourroit subsister, sans que la Foi des Chrétiens perdît rien de sa certitude morale, soit par raport aux Fondemens qu'elle suppose, soit par raport aux Articles particuliers qu'elle doit embrasser.

On demandera enfin, s'il n'y a point d'autres Points de Doctrine, que ceux qui sont renfermés dans les Livres du Nouveau Testament, que l'on puisse prouver avoir été enseignés par Jesus-Christ & par ses Apôtres? Je repons à cette Question,

qu'a-

qu'après avoir fait là-dessus toutes les recherches que j'ai pû, je n'ai point trouvé
qu'on donnât de preuves solides, par raport à quelque Point de Doctrine que ce
soit qui n'est point contenu dans ces Livres,
qu'il ait été enseigné par les Apôtres comme
un Article de la Religion Chrétienne.

A LA verité, les Catholiques-Romains
prétendent que les Apôtres n'ont pas mis
par écrit toutes les Vérités de la Foi, & qu'il
y en a plusieurs qu'ils se sont contentés
d'enseigner seulement de vive voix. Mais
ce n'est pas assez de le dire, il le faut prouver ; car je crois qu'ils nous avouëront aisément, qu'on ne doit recevoir aucun Dogme
comme ayant été enseigné de vive voix par
les Apôtres à leurs Disciples, à moins
qu'on n'en aporte de bonnes preuves, de
peur que sous ce prétexte on ne veuille faire passer des Opinions & de Traditions humaines pour une Doctrine divine & révélée.
S'ils prétendent donc qu'il y a certains Articles de la Foi Chrétienne que les Apôtres
n'ont enseigné que de vive voix, qu'ils les
produisent, & qu'ils nous fassent voir en
même tems par des témoignages incontestables que ces Dogmes viennent effectivement des Apôtres ; à peu près, par exemple, de la même maniére que l'on prouve
que l'Epitre de S. Paul aux Romains est
véritablement de cet Apôtre. Nous rece-
vrons volontiers ces Dogmes, pourvû
qu'une fois nous soïons surs qu'ils ont été
effectivement enseignés par Jesus & par ses
Apôtres ; car nous ne recevons avec tant

 de

de respect ceux qui sont couchés dans les Livres Sacrés, que pour cette seule raison.

M A I S, quand on leur demande quels sont ces Points de Doctrine, enseignés seulement de vive voix par les Apôtres, ils nous alleguent ces Dogmes que les Conducteurs de leur Eglise ont érigés en Articles de Foi, & dont il n'est fait aucune mention dans les Ecrits des Apôtres : je veux dire leur Doctrine touchant le nombre des Sacremens, touchant l'adoration de l'Eucharistie, le Sacrifice de la Messe, le Retranchement de la Coupe aux Laïques ; touchant l'Autorité prétendue de l'Eglise Romaine sur toutes les autres Eglises de Droit Divin ; touchant les Indulgences, le Purgatoire, la Priére pour les morts, l'Invocation des Saints, le Culte des Images & des Reliques, &c. Or, tant s'en faut qu'ils puissent faire voir que tous ces Points de Doctrine & de Pratique aïent été véritablement enseignés de vive voix par les Apôtres à leurs Disciples, qu'au contraire on leur a prouvé plusieurs fois & d'une maniere démonstrative, que tous ces Dogmes étoient non seulement inconnus du tems des Apôtres, mais que la plûpart même sont directement opposés à la Doctrine que ces saints Hommes ont indubitablement enseignée aux prémiers Chrétiens, comme il paroît par les Ecrits qu'ils leur ont adressés, & qui sont parvenus jusqu'à nous sans aucune altération, du moins qui soit considérable.

O N pourroit encore ajoûter à cela, que

des

des milliers d'Ecrivains du Parti Proteſtant
on fait voir dans des Ouvrages ſavans &
remplis d'érudition, dans quels Siécles chacuns de ces Dogmes ont pris naiſſance,
quels en ont été les auteurs ou inventeurs,
& comment ils ſe ſont enfin introduits peu
à peu dans l'Egliſe Chrétienne. Mais, il
n'eſt pas néceſſaire d'être au fait de tout ce
que ces Savans ont découvert touchant l'o-
rigine de ces Traditions, pour être en droit
de les rejetter. Il ſuffit ſeulement qu'on
ne prouve pas d'une maniére ſuffiſante,
c'eſt-à-dire, capable de convaincre tout
Eſprit raiſonnable & non prévenu, que ces
Dogmes deſcendent en ligne directe de la
Tradition Apoſtolique, pour que nous ſoïons
non ſeulement en droit de les rejetter,
mais pour que nous ſoïons même obligés
de le faire. Car c'eſt une Maxime univerſellement reçue, que nous ne devons admettre, en fait de Doctrine révélée & d'Articles de Foi, que ce que nous ſavons bien
certainement avoir été enſeigné par ces Hommes, que tous les Chrétiens reconnoiſſent
pour des Perſonnages inſpirés, & dont ils
révérent l'Autorité comme inviolable & ſa-
crée, c'eſt-à-dire, par les Prophétes & par les
Apôtres. C'eſt donc à ceux qui prétendent
que certains Dogmes, qu'ils veulent faire
paſſer pour des Vérités révélées, tirent leur
origine de la Tradition Apoſtolique; c'eſt
à eux, dis-je, à prouver ce qu'ils avancent
par des témoignages autentiques & dignes
de foi: mais, c'eſt ce qu'ils ne pourront jamais faire. Il n'y a donc rien qui ſoit

 moins

moins propre à être une Regle de Foi, que
cette prétenduë Tradition, qui n'eſt établie
ſur aucun fondement aſſûré, & à la faveur de
laquelle il eſt facile de défendre les plus
groſſieres erreurs & les plus grandes abſurdités, en diſant ſimplement que ce ſont des
Traditions que les Apôtres ont laiſſées ou
tranſmiſes de vive voix à leurs Succeſſeurs.

On m'objectera peut-être, que, ſi la Tradition ſuffit pour nous aprendre avec certitude que les Livres du Nouveau Teſtament
ſont les Ouvrages des Apôtres, comme j'en
conviens, pourquoi ne ſuffiroit-elle pas
pour nous perſuader que ces mêmes Apôtres ont enſeigné certains Dogmes qui ne
ſe trouvent pas dans leurs Ecrits; & que,
ſi la Tradition à pû faire venir juſqu'à nous
cette premiere vérité, pourquoi n'auroit-
elle pû nous tranſmettre ces autres Dogmes?

Je repons à cela, qu'il y a bien de la
différence entre ces deux choſes qu'on propoſe comme tout-à-fait ſemblables, & que
la Tradition peut être très-certaine ſur l'u-
ne, quoiqu'elle ne le ſoit point du tout
ſur l'autre. En effet, il eſt très-important de remarquer, qu'il y a des Traditions qui ont de la certitude, & qu'il y
en a d'autres qui n'en ont point. Mais,
qui ſont celles qui en ont, & qui ſont
celles qui en ſont deſtituées? C'eſt ce
qu'il n'eſt pas mal aiſé d'indiquer. Les
Traditions ſont certaines, lorſque d'un côté les choſes qu'on ſait par cette voie ſont
de telle nature que les premiers Auteurs de

la

la Tradition n'ont pû y être trompés , &
que de l'autre il est impossible qu'il y soit
arrivé de l'altétraion dans la suite des tems
qui se sont écoulés depuis cette Tradition
jusqu'à nous. Mais aussi l'on comprend
sans peine , que , si l'une ou l'autre de ces
deux conditions manque , la Tradition n'a
rien de certain.

CEPENDANT cela seul fait voir qu'il
est impossible de savoir par la Tradition , ni
la vérité des Dogmes , ni en général rien
de ce qui consiste en des Points de Droit.
La raison en est que les premiers Auteurs
de la Tradition ont pû facilement se tromper sur la vérité des Dogmes , & généralement sur tout ce qui regarde le Droit.
D'ailleurs , quand même les premiers Auteurs de la Tradition ne s'y seroient pas
trompés , rien n'empêche que ce qu'ils auroient sû & attesté ne se soit alteré par la
longueur du tems , & par la multitude des
mains par lesquelles ces Dogmes auroient
passé.

IL n'y a donc proprement que les Faits
sur lesquels la Tradition soit certaine. Encore faut-il 1. que ces Faits aient été tellement connus par les premiers Auteurs de
la Tradition , qu'ils n'aient pû s'y tromper. C'est pourquoi il n'y a que des Faits
grossiers & sensibles sur lesquels la Tradition
soit certaine. 2. Il faut que ces Faits soient
simples & composés de peu de parties ; car ,
lorsqu'il y en a un grand nombre , il y survient
aisément de l'altération. De-là vient que
le fonds de l'Histoire & la substance des é-

          vene-

venemens font d'ordinaire affez certains, pendant que les circonftances varient & font douteufes.

A P R E S ce qu'on vient de dire, chacun voit affez que ce Fait particulier, favoir, que les Apôtres font les Auteurs des Livres du Nouveau Teftament, étoit de fa nature très-propre à fe conferver par la Tradition. C'eft un Fait que les premiers Chrétiens n'ont pû ignorer, & fur lequel ils n'ont pû fe tromper. D'ailleurs, c'eft un Fait fort fimple, qui n'eft point chargé d'un grand nombre de circonftances, & tel par conféquent qu'il a pû fe conferver fans altération.

M A I S, il n'en eft pas de même des Dogmes; car les Dogmes n'étant aperçus que par l'efprit feul, & non par les fens, & roulant d'ailleurs ordinairement fur des chofes inévidentes d'elles-mêmes & fort obfcures, il eft fort facile de s'y tromper. Il ne faut qu'y changer un mot pour les altérer. C'eft pourquoi il n'eft pas feulement poffible, il n'eft pas feulement aifé, qu'ils s'altérent avec le tems, mais il eft moralement impoffible que cela n'arrive. Au lieu que la Tradition qui nous apprend que les Apôtres font les Auteurs des Livres Sacrés, eft de telle nature que, fans fuppofer aucune infaillibilité dans ceux qui nous l'ont tranfmife, elle peut être très-certaine; de même que, fans fuppofer aucune infaillibilité dans ceux qui nous ont appris que les Ouvrages, qui portent les noms d'Homere, de Virgile, & de Ciceron, étoient les productions de ces trois Hommes fi célébres, nous pouvons néanmoins nous en

affû-

aſſûrer ſur leur témoignage, à cauſe de toutes les circonſtances dont ce témoignage
eſt revétu, & qui le rendent moralement
évident.

Apre's tout ce qu'on vient de dire, il
n'y a perſonne qui ne puiſſe remarquer la
grande différence qui ſe trouve entre le ſentiment que je ſoutiens, & celui de l'Egliſe
Romaine. La Tradition, au ſens que je
l'admets, c'eſt-à-dire, ſur certains Faits ſenſibles, palpables, & d'ailleurs fort ſimples,
eſt naturellement ſuſceptible d'évidence &
de certitude morale : au lieu que la Tradition, que l'Egliſe Romaine allegue à l'égard
des Dogmes, ne peut être de ſoi-même que
fort incertaine ; de ſorte qu'il n'y a que ceux
qui croïent l'infaillibilité de cette Egliſe,
qui puiſſent admettre de pareilles Traditions.

Il eſt aiſé de conclure de tout ce qu'on
vient de dire, qu'il n'y a point d'autre
Doctrine que nous ſachions certainement
avoir été enſeignée par Jeſus-Chriſt & par ſes
Apôtres, que celle qui eſt contenuë dans
les Ecrits qui nous reſtent de ces derniers.
D'où il s'enſuit, que les Chrétiens ne doivent point admettre d'autres Dogmes, comme révélés de Dieu, que ceux qu'ils trouvent être enſeignés dans ces Ecrits Sacrés.
Il s'enſuit auſſi de-là, que c'eſt à ces monumens authentiques que doivent avoir recours
ceux qui ne ſeroient pas encore bien perſuadés de la vérité de la Religion Chrétienne,
mais qui voudroient en juger par le fonds
de ſa Doctrine, & examiner les choſes juſ-
que dans leur ſource.

CHA-

CHAPITRE VIII.

Si l'Ecriture Sainte contient toutes les Vérités nécessaires à salut, & si elle les contient assez clairement pour qu'un chacun puisse s'instruire suffisamment de ses Devoirs, en la lisant.

QUAND une Révélation incontestable seroit parvenuë jusqu'à nous sans qu'on pût la soupçonner le moins du monde d'avoir été altérée par ceux entre les mains de qui elle autoit passé, ce ne seroit pas encore assez pour mettre notre Foi hors de tout péril d'erreur; parce qu'il se pourroit que nous nous trompassions sur le sens de la Révelation, & que nous donnassions aux paroles qui l'expriment un autre sens que celui qu'elles ont : auquel cas notre Foi seroit fausse & erronée, comme nous l'avons déjà remarqué au Chapitre III. Ainsi, quoique nous supposions ici la divinité & l'autenticité des Livres Canoniques tant de l'Ancien que du Nouveau Testament, comme de vérités reconnuës & dûment prouvées d'ailleurs, il ne faut pas croire neanmoins, que nous soïons incapables d'errer en la Foi, pourvû que nous appuions nôtre croïance sur l'autorité de ces Livres, parce que nous pourrions en prendre mal le sens. La Raison nous dicte par conséquent, qu'avant que d'embrasser aucun

Dogme

Dogme, quel qu'il soit, fur l'autorité de ces Livres, nous devons examiner foigneufement s'il y eft véritablement contenu, & ne le recevoir qu'après nous être bien affurés que nous ne nous trompons point fur le fens des Paffages, où nous croïons apercevoir le Dogme en queftion. Autrement nous courerions rifque fouvent de prendre nos propres Imaginations pour des Vérités divinement révélées, vû que l'Ecriture eft obfcure en plufieurs endroits, & qu'il y a beaucoup de matiéres fur lefquelles il n'eft pas facile de comprendre le vrai fens de ce qu'elle nous dit, de l'aveu de tout le monde. Et, quand on n'en conviendroit pas, les grandes difputes qui regnent entre les Chrétiens ne le prouveroient que trop. En effet les Docteurs des différens partis n'ont-ils pas également recours à l'Ecriture? N'eft-ce pas l'arfenal commun, où ils vont fe munir d'armes offenfives & défenfives? N'y trouvent-ils pas tous de quoi attaquer & de quoi fe defendre? Et n'eft-ce pas ce qui rend les conteftations immortelles?

Mais on demande, fi l'Ecriture n'eft pas du moins claire & à la portée des plus fimples, fur les chofes néceffaires à falut? Si nous étions dans les fentimens que beaucoup des gens ont, la bonne foi ne nous permettroit pas de répondre affirmativement à cette queftion; parce qu'ils mettent au rang des Vérités, dont la croïance explicite eft néceffaire au falut, plufieurs Dogmes, qui, bien loin d'être

en-

enfeignés clairement dans l'Ecriture, n'y
font pas même contenus au jugement de
beaucoup d'autres. Une chofe bien certaine du moins, c'eſt qu'ils font obligés,
pour les exprimer, de ſe ſervir d'autres
termes que ceux de l'Ecriture : or, ſi ces
Dogmes étoient enſeignés clairement dans
ce divin Livre, quelle néceſſité y auroit-il
d'emploïer d'autres termes que les ſiens ?
Ce qu'il y a de plus admirable encore,
c'eſt que les Docteurs dont il s'agit, pour
expliquer leurs Articles Fondamentaux,
compoſent de gros volumes que très-peu
de perſonnes ſont capables d'entendre.
Mais, ſi ces Points ſont enſeignés clairement dans l'Ecriture, ne feroient-ils pas
mieux d'y renvoïer les gens, que de ſe fa-
tiguer la tête à donner ces explications métaphiſiques & alambiquées, où le Peuple
ne voit goute. Avoüons donc, qu'il n'eſt
pas aifé de ſatisfaire à la queſtion propofée,
dans le ſiſtème de ces Mrs. Mais, comme nous n'avons pas les mêmes idées
qu'eux à cet égard, il nous eſt auſſi moins
mal-aifé qu'à eux de refoudre cette difficulté. Quoique nous avoüions que l'E-
criture eſt obſcure en bien des endroits, &
même ſur des matiéres qui paſſent dans certaines focietés pour fondamentales, on n'en
peut cependant pas tirer aucune confequen-
ce dans nôtre ſiſtème contre la clarté &
la ſuffiſance de l'Ecriture ſur les chofes
néceſſaires à falut. En effet, s'il y a des
endroits obſcurs dans l'Ecriture, on ne peut
nier qu'il n'y en ait auſſi de très-clairs, &

qui

qui sont à la portée des plus simples. Or
je soutiens que personne n'est obligé d'embrasser comme une Vérité révélée, ou comme un Article de Foi, que ce qu'il trouve
enseigné clairement dans l'Ecriture; & c'est
qui est facile de démontrer. Car personne
n'est obligé de croire comme un Article de
Foi, que ce qu'il sait avoir été révélé de
Dieu; or il ne sait qu'une chose a été révélée de Dieu, qu'autant qu'il est certain
qu'elle est contenuë dans l'Ecriture; & il
n'est certain qu'elle est contenuë dans l'Ecriture, qu'à proportion de la clarté avec
laquelle il trouve qu'elle y est enseignée.
Personne n'est donc obligé de croire comme Article de Foi, & ne doit même recevoir comme tel, que ce qu'il trouve clairement enseigné dans l'Ecriture.

CELA supposé, on voit bien que l'Objection qu'on nous fait, & qu'on prend de
l'obscurité de l'Ecriture, n'a aucune force;
car, pour rendre cet argument concluänt, il
faudroit qu'on pût nous prouver l'une ou
l'autre de ces deux choses, ou qu'il n'y a
rien dans l'Ecriture qui ne soit obscur, ou
qu'il y a des Vérités que nous devons croire
de Foi explicite, & que l'Ecriture ne contient point clairement. Si on pouvoit prouver l'une ou l'autre de ces deux choses, il
n'y auroit rien à repliquer; mais c'est ce
qu'on ne pourra jamais faire.

JE soutiens même, que cette Objection
n'a pas plus de force au sujet des Ignorans qu'à l'égard des Savans, parce qu'en
effet il n'est pas plus difficile aux uns qu'aux

autres de trouver dans l'Ecriture ce qu'ils doivent croire. J'avouë qu'il y a tel Paſſage impénetrable à un Ignorant, qui ſera clair pour un Savant. Mais que peut-on conclure de-là? C'eſt que la Foi du Savant doit avoir plus d'entenduë & embraſſer plus de Vérités, que celle de l'Ignorant. Et qu'y a-t-il d'abſurde en cela? Qu'y a-t-il même, dont tout le monde ne convienne? Mais il ne s'enſuit pas de-là que l'Ignorant ait plus de peine à croire ce qu'il trouve enſeigné clairement dans l'Ecriture, que n'en a le Savant à ſe perſuader ce qu'il y trouve auſſi de clair de ſon côté.

Je vais plus loin preſentement, & je dis, qu'on ne peut rien concevoir comme eſſentiel à la Religion & comme néceſſaire au ſalut, qui ne ſoit contenu dans l'Ecriture d'une maniere claire & proportionnée à l'intelligence des plus ſimples. Cette Propoſition ne me paroît pas non plus bien difficile à prouver.

En effet, la ſeule Raiſon nous apprend que la Religion ne peut conſiſter qu'en deux choſes : l'une eſt, de nous faire connoître où nous pourrons trouver le ſouverain bonheur, auquel nous aſpirons naturellement; & l'autre, de nous enſeigner les moïens d'y parvenir. On ne peut rien concevoir dans la Religion qui ne ſe raporte à l'un ou à l'autre de ces deux chefs. D'où il eſt aiſé de conclure, qu'il ne peut rien y avoir d'abſolument néceſſaire dans la Religion, que les choſes ſans leſquelles on ne peut connoître ce bonheur, ou que celles

ſans

ſans leſquelles on ne peut y parvenir : car il eſt clair, que, cela étant l'unique but de la Religion, on a ſujet d'être ſatisfait, ſi elle nous apprend ces deux choſes, & ſi elle fournit des lumieres aſſez claires pour les faire connoître à tout le monde. Si l'on trouve donc dans l'Ecriture tout ce qu'il faut ſavoir pour connoître nôtre véritable bonheur & pour y parvenir, on ſera contraint d'avouër, qu'elle contient tout ce qui eſt eſſentiel à la Religion. Mais, ce n'eſt pas encore tout; il faut que les inſtructions, qu'elle nous donne là-deſſus, y ſoient contenuës ſi clairement que les plus Simples puiſſent les entendre. Autrement il faudra néceſſairement qu'ils aïent recours à d'autres lumieres là-deſſus, c'eſt-à-dire, aux Interprétes ou à la Tradition. Nous allons examiner ce qui en eſt.

I. POUR ce qui regarde le Bonheur éternel, perſonne ne peut diſconvenir qu'il ne ſuffiſe d'avoir le ſens - commun pour comprendre, en liſant l'Ecriture du N. Teſtament, que les Apôtres y promettent la Réſurrection & la Vie éternelle à ceux qui croiront en Jeſus-Chriſt, & qui obéïront à l'Evangile. Auſſi n'y a - t - il jamais eu de diſputes là-deſſus entre les Chrétiens. Il ſe trouve ſeulement quelque diverſité d'opinions ſur le tems & ſur quelques autres circonſtances de ce Bonheur, mais on convient du fond de la choſe. Ainſi toute la difficulté, s'il y en a, tombe uniquement ſur les moïens d'obtenir cette récompenſe. Il s'agit de ſavoir s'ils ſont tous contenus

F

dans

dans l'Ecriture Sainte, & d'une maniere si claire qu'il ne faille qu'avoir l'usage de la Raison pour les entendre.

Tout ce que l'Ecriture nous en dit se raporte encore à ces deux chefs; savoir, mettre sa confiance en Dieu, & obéir à ses Commandemens. Qu'on lise les Ecrits des Prophetes & des Apôtres avec toute l'attention possible, & on n'y trouvera point autre chose. Mais, pour nous renfermer dans le Nouveau, Testament, on ne peut pas nier, que tout ce que les Apôtres nous y apprennent ne tende uniquement à nous obliger de croire en Dieu & en Jesus le Messie, & d'obéir à l'Evangile. On apelle croire en Dieu, se confier en lui & espérer en ses promesses, selon l'usage de toutes les langues & selon le consentemen de tous les Chrétiens, qui tombent d'accord qu'au fond cette phrase signifie cela, malgré toutes les disputes que les Docteurs ont entre eux sur la nature & les propriétés de la Foi. Et c'est aussi la seule chose que le peuple entend, lorsqu'on lui parle de croire en Dieu. Or je demande, présentement, si l'Ecriture ne nous commande pas de croire en Dieu, d'une maniere si claire & si formelle, qu'il ne faut qu'avoir le sens-commun pour l'entendre? Certainement, si cela n'est pas clair, il n'y a rien au monde de clair & d'évident, & les *Pyrrhoniens* auroient raison de dire qu'il n'y a qu'une chose certaine, savoir qu'il n'y a rien de certain.

Pour ce qui regarde les moeurs ou la conduite de la vie, tout ce que Dieu nous com-

commande à cet égard, tant dans le Vieux que dans le Nouveau Testament, se raporte aux devoirs que nous devons rendre directement à la Divinité, à ceux qui nous regardent nous-mêmes, & enfin à ceux auxquels nous sommes obligés envers le Prochain. Or, je soutiens qu'il n'y a rien en tout ceci qui soit au dessus de la portée des plus Simples, pourvû qu'ils y aportent quelque attention, & qu'ils tâchent de bonne-foi de comprendre, par les seules lumières de la Raison que Dieu leur a donnée, ce que disent Jesus-Christ & ses Apôtres. On voit assez que nous ne parlons pas ici des Passages particuliers, mais du résultat qui peut naître dans l'esprit de l'Homme du monde le plus grossier, après qu'il aura lû ou entendu lire le Nouveau Testament. Il est certain qu'il n'y a personne, pour peu d'esprit qu'il ait, qui ne puisse se former une idée de l'obéissance que Dieu demande de nous dans ces Livres ; & c'est de quoi l'on est convaincu par expérience.

Mais, dira-t-on, pour croire en Dieu, & lui obéir, il faut savoir diverses choses, sans quoi on ne peut avoir la Foi que Dieu demande de nous, ni obéir à ses Commandemens. On en convient, & on reconnoit que, pour être sauvé, il faut savoir les Doctrines, sans lesquelles on ne peut croire en Dieu, ni obéir à ses Commandemens. C'est une vérité de la dernière évidence. Mais, de quoi faut-il être nécessairement persuadé pour s'acquitter de ces

deux

deux devoirs? Pour se confier en Dieu, il faut être persuadé qu'il y a un Dieu, c'est-à-dire, un Créateur & un Conservateur de toutes choses; que c'est lui qui nous a parlé par le Ministére de Jesus-Christ & des Apôtres; que ce Dieu est misericordieux, qu'il aime la vertu & hait le vice, qu'il n'est point menteur, & qu'il est tout-puissant pour effectuër ses promesses & ses menaces. Il n'en faut pas savoir davantage, pour comprendre que nous devons lui obéïr. Faut-il être Théologien, pour voir tout cela dans le Nouveau Testament? Ou plûtôt ne faut-il pas être privé de Sens & de Raison, pour ne l'y pas voir? Cela étant, on prieroit volontiers ceux qui sont d'un sentiment contraire, de nous montrer qu'il y a quelques Dogmes, sans lesquels on ne peut parvenir au salut, qui ne soient point compris dans ceux dont on vient de parler.

La Raison nous apprend que Dieu, qui est juste, ne moissonnera pas où il n'aura pas semé : je veux dire, qu'il ne nous jugera que selon les lumieres qu'il nous aura données, & qu'il sera satisfait de nôtre piété, si nous obéïssons à ses Commandemens, c'est-à-dire, à ceux qui nous sont connus comme tels, & à l'égard desquels nous avons une certitude raisonnable qu'ils sont émanés de lui. Pour ce qui regarde les Articles controversés entre les Théologiens, ce n'est pas une petite difficulté souvent que de savoir qui a raison, ou qui a tort. Que dis-je? la
plû-

plûpart de ces Controverſes ſont ſi ſubti-
les, que parmi les Gens même du métier il
y en a peu qui ſachent préciſément en quoi
elles conſiſtent, & qui ſoient en état de
bien poſer l'état de la queſtion. Cependant
ce n'eſt pas tout que de connoître en quoi
conſiſte le noeud de la difficulté, il faut de
plus en ſavoir la véritable ſolution. Or
rien n'eſt plus difficile ſouvent que de ſe
déterminer parmi tant d'Opinions différentes, qui ſont toutes armées de preuves &
d'objections contre le Sentiment contraire.
Si l'on fait donc conſiſter la Religion dans
ces Controverſes, de quel côté ſe tourne-
ront les pauvres Laïques ſans étude, qui
n'entendent pas même les termes dont on
ſe ſert pour les exprimer? Auſſi n'eſt-il
pas néceſſaire qu'ils entrent dans ces diſputes, ni qu'ils ſe mêlent d'en juger. Dieu
ne nous l'ordonne nulle part : & pourvû
que nous embraſſions les Dogmes poſitifs
dont tout le monde reconnoît la néceſſité,
& que nous vivions conformément à cela,
nous ne devons pas craindre qu'il nous condamne, puiſque nous aurons fait tout ce
qui nous aura été poſſible.

En effet, je ne crois pas qu'il y ait perſonne ſi déraiſonnable, que d'exiger du ſimple Peuple qu'il examine à fond toutes les
Controverſes qu'on agite depuis long-tems
avec tant de ſubtilité parmi les Chrétiens,
& qui croie qu'on ſera condamné pour n'a-
voir pas examiné, par exemple, la Contro-
verſe touchant l'Egliſe, ou celle touchant la
Tradition. Tout ce que peut faire le Peu-

ple

ple en ces occasions, c'est de s'en tenir à ce dont conviennent les Théologiens de part & d'autre, c'est-à-dire, à ce qui est si clair parmi les Chrétiens, que personne n'en peut douter. On peut hardiment déferer à l'autorité des Ecclesiastiques des differens partis, lorsqu'ils conviennent tous ensemble de quelque chose ; car il faut qu'elle soit bien claire, pour que ces Messieurs s'accordent entre eux à son sujet. Quand on veut que le Peuple suive la voïe de l'Autorité, si on l'entend de cette maniere, il faut avouër que cela se peut pratiquer en toute sûreté. Or, la Providence a si bien réglé toutes choses, que tout ce qu'il faut savoir pour croire en Dieu, & pour obéïr à ses Commandemens, est de cette nature.

Pour le reste, le Peuple n'a que faire d'en juger ; il ne le doit pas même : car le Sens commun nous convainc, que de juger d'une chose qu'on ne connoit pas suffisanment, ou que de s'en raporter à l'autorité de quelqu'un, sans en avoir aucune raison solide, c'est jetter au fort la décision du vrai & du faux, du juste & de l'injuste ; puisque l'on n'a aucune certitude raisonnable qu'on ne se trompe pas. Ceux qui se conduisent de la sorte parmi les Chrétiens sont attachés à la Religion de leur païs par les mêmes motifs que les Chinois, les Indiens, & les Mahométans, sont attachés chacun à la leur ; &, si ces Chrétiens dont nous parlons étoient nés à la Chine, aux Indes, ou dans la Turquie, ils seroient dans les Opinions de ceux parmi

les

lesquels la Providence les auroit fait naître :
de sorte que, s'ils croient à la vraie Religion, s'ils se trouvent dans le parti de la Vérité, ce n'est que par hazard ; & ils auroient
crû de même à la fausseté, s'ils étoient nés
dans un païs idolatre ou hérétique. Or,
s'imagine-t-on que Dieu leur tiendra compte de cet attachement aveugle & téméraire
qu'ils auront eu par hazard pour la bonne
Cause ? Pour moi, je ne le pense pas , &
je suis persuadé que ceux qui ne croient à
la véritable Religion, que par le préjugé de
l'éducation, c'est-à-dire , sur l'autorité de
leurs Parens ou de leurs Prêtres, ne sont
pas plus louäbles, que ceux qui croient à la
fausse, fondés sur les mêmes principes.

Je ne doute pas que ceux, qui réfléchi-
ront attentivement sur ce qu'on vient de
dire, ne comprennent facilement qu'on ne
doit porter aucun jugement en matiére de
Religion, sans être bien instruit de ce dont
on veut juger, & sans avoir des regles sûres pour distinguer le vrai du faux. Cela
posé, il s'ensuit évidemment, que, s'il arrive que l'on veuile contraindre quelqu'un
à recevoir ou à condamner des sentimens
qu'il n'est pas en état de comprendre ni
d'examiner, le Sens commun veut qu'il
ne fasse ni l'une ni l'autre de ces deux
choses, puisqu'il ne sait pas s'il n'embrasse-
roit point l'Erreur, ou s'il ne condamneroit
pas la Vérité.

Voulez-vous vous assûrer s'il est convaincu de ce principe général du Bon-Sens &
de l'Equité, demandez lui, s'il est permis de

 faire

faire une action importante, & dont les fuites peuvent être dangereuses, pendant que l'on ne sait pas si cette action n'est point mauvaise & desagréable à Dieu? Vous verrez qu'il vous répondra sans hésiter qu'il n'est point permis d'agir en pareil cas. On voit par-là qu'il n'y a personne, quelque simple ou ignorant qu'on le suppose, qui ne comprenne fort bien qu'on ne doit s'abstenir de juger de Controverses de Théologie qu'on n'entend point, & qu'on ne doit point condamner & encore moins maltraiter ceux dont on n'est pas en état d'examiner les sentimens, ni par conséquent de juger si ces sentimens sont vrais ou faux.

CEPENDANT, au lieu de cette retenuë si sage & si nécessaire, la Multitude aveugle s'ingére par-tout de juger des Controverses les plus obscures & les plus embarassées, ou plutôt elle se mêle de prendre parti sans connoissance de cause, & sert d'instrumens aux Personnes mal-intentionnées pour persécuter cruëllement ceux qui s'éloignent des sentimens reçus publiquement, quelque irréprochables qu'ils soient d'ailleurs en leur conduite.

MAIS, le grand nombre de ceux qui agissent imprudemment, & injustement, ne change pas la nature des choses. Ce sera toûjours, quoiqu'on en dise, une extrême imprudence & une injustice manifeste, que de condamner ou d'absoudre dans une chose de grande importance sans connoissance de cause. Pour en convaincre les Chrétiens, il n'y a qu'à leur représenter cette

con-

conduite dans une autre Religion. Que
l'on demande à un Chrétien de telle Secte
que l'on voudra, si les Mahométans font
bien de ne point examiner leur Religion, &
de condamner la Chrétienne sans la connoître, s'ils font bien de croire tout ce que leur
disent leurs Mouftis, & leur Alfaquis, contre les Chrétiens ? Il répondra sans doute
qu'ils font très-mal. Si on continue encore de lui demander, si un Mahometan, a-
près avoir reconnu la vérité de la Religion
de Jesus-Christ & la fausseté de celle de Ma-
homet, peut dissimuler toute sa vie, & con-
tinuër à faire profession du Mahométisme,
à cause du danger qu'il y auroit de faire autrement ? Notre Chrétien répondra sans
doute encore, que ce Mahométan doit mé-
priser ce danger, & s'exposer à tout, plutôt que de trahir sa conscience. Quon fasse
donc généralement ce qu'on exige des autres ; car il est visiblement injuste de faire
des loix qu'on ne veut pas observer soi-
même.

On me dira peut-être, que ce que je
viens de dire est clair & évident, mais que
malheureusement cela n'est d'aucun usage,
sur-tout dans les Païs, où il n'y a point de
liberté de conscience, où il faut se soûmettre aux décisions de Théologiens, où les pauvres Laïques ne peuvent juger de rien, non
pas même s'il est juste de se soûmettre ;
parce qu'il n'est point permis de révoquer
en doute ce Point fondamental du Gouver-
nement Ecclesiastique, établi dans ces Païs-

F 5

là.

là. J'avouë tout cela. Ainsi le meilleur conseil qu'on pourroit donner à ceux qui se trouvent soumis à une pareille domination, & qui néanmoins seroient disposés à faire un bon usage de leur Raison, & conforme aux Regles qu'on vient d'établir : le meilleur conseil, dis-je, qu'on pourroit leur donner, seroit de quitter un tel Païs pour se retirer en quelque autre endroit, & s'y attacher à une Societé Ecclesiastique, dans laquelle il leur fût permis de ne professer que ce qu'ils sçavent avoir été révélé de Dieu, & de vivre conformément à leurs lumieres. Car il ne faut pas être fort habile pour juger qu'on ne doit rien faire sans savoir si l'on fait bien en cela. St. Paul l'enseigne expressément, & les Païens même ont reconnu cette Vérité. Un Homme par conséquent, qui se trouve en pareil cas, feroit fort bien d'abandonner la Societé de ceux qui le tirannisent, pour se ranger parmi ceux qui lui laissent-la liberté de vivre selon sa conscience, quoique d'ailleurs il ne se mêle pas de juger du fonds des Controverses. Cette conduite ne peut-être desagréable à Dieu, qui veut *que chacun agisse selon qu'il est pleinement persuadé en son esprit.*

ON nous objectera peut-être ici, que puisqu'il y a, de notre propre aveu, des endroits obscurs dans l'Ecriture, & des Passages si difficiles qu'on ne peut guéres s'assûrer de les entendre dans leur vrai sens : on m'objectera, dis-je, qu'on ne peut juger par conséquent si ces endroits n'enseignent

rien

rien qui soit contraire à la droite Raison,
ou s'ils ne contredisent pas à la Doctrine
contenuë en d'autres Passages. J'avouë
qu'on n'en peut pas juger par les passages
dont il s'agit, puisqu'on suppose qu'on ne
peut pas s'assûrer d'en comprendre le véritable sens; mais on peut conclure, tant des
autres endroits où ils enseignent clairement
une Doctrine très-saine & très-pure, que
de toutes les preuves qu'ils ont données de
la Divinité de leur Mission: on peut conclure, dis-je, de toutes ces choses que ces
Auteurs étoient des hommes conduits par
l'esprit de Dieu, & par conséquent qu'ils n'ont
rien enseigné de faux ni de contradictoire.

On demande en second lieu, pourquoi il
se rencontre tant d'endroits obscurs & presque inexplicables dans un Livre qu'on suppose avoir été écrit par Inspiration divine
pour l'instruction du Genre humain? Je répons à cela, que notre esprit est trop borné
pour pouvoir juger des fins particuliéres
que se propose la Providence dans la plupart des choses qu'elle fait ou qu'elle
permet; & qu'il y a de la témérité souvent à vouloir en rendre raison: ainsi,
sans m'amuser à rechercher ici trop curi-
eusement les raisons pour lesquelles Dieu
n'a pas jugé à propos de répandre plus de
lumiére sur les Ecrits Sacrés, je dis qu'il
doit nous suffire, & que nous devons même rendre à la Bonté Divine de très-humbles
actions de graces, de ce qu'elle a bien voulu nous enseigner clairement dans l'E-
criture, & la fin à laquelle nous devons

teutendre, & les moiens qui peuvent nous y conduire. Voilà les deux choſes qu'il nous importoit uniquement de ſavoir. Pour le reſte, ſi le S. Eſprit ne nous l'a pas fait propoſer avec autant de clarté, c'eſt qu'il n'étoit pas néceſſaire ſans doute que nous en euſſions des idées ſi diſtinctes & ſi préciſes; & que d'ailleurs il a eu de très-bonnes & de très-ſages raiſons pour en uſer de la ſorte, quoiqu'il ne nous appartienne pas, ou plutôt qu'il ne nous ſoit point poſſible, de pénétrer juſques-là.

Il ſe trouve encore beaucoup de gens qui ſont étonnés que le ſtile des Apôtres ne ſoit pas plus clair, plus élegant, plus ſuivi, & qu'il y ait dans leurs Ecrits beaucoup d'expreſſions, de phraſes, & de raiſonnemens, qui paroiſſent vagues & embaraſſés; vû qu'ils avoient été choiſis de Dieu pour être les Miniſtres de ſa Parole, & que pour cet effet ils avoient reçu le S. Eſprit avec le don des langues, & tous les autres dons néceſſaires, pour annoncer aux hommes avec plus d'efficace les Vérités céleſtes. Mais ce ſcandale ne provient, que de ce que ces Perſonnes s'imaginent, que le S. Eſprit ait dicté, mot pour mot, aux Apôtres tout ce qu'ils ont mis par écrit: il me paroit donc que ce n'eſt point-là l'idée qu'on doit ſe former de la maniere dont ils furent inſpirés.

Avant que d'expliquer ce que nous penſons ſur ce ſujet, nous remarquerons premierement, qu'on peut ranger en trois claſſes les choſes qui ſont contenuës dans les Ecrits des Apôtres. Nous mettrons dans la premiere les Révélations, dans la ſeconde les choſes qu'ils avoient appriſes par la vûë & par l'ouïe, & dans la troiſième les raiſonnemens qu'ils faiſoient ſur les Vérités qn'ils connoiſſoient par les deux premieres voïes. Car les Apôtres ont écrit les choſes qu'ils ſavoient, ou par révélation, ou par la voïe des Sens, ou par le raiſonnement.

I. Pour les Révélations particuliéres , elles ſont en petit nombre; comme la Révélation qu'eut S. Pierre, lorſqu'il fut envoïé vers Corneille pour lui annoncer l'Evangile & le bâtiſer ; ce que S· Paul raporte que le Seigneur lui dit : *Ma grace te ſuffit : car ma vertu s'accomplit en l'infirmité.* 2. Cor. XII. 9 ; la Viſion du Macedonien, Act. XVI. 9; ce que S. Paul dit dans ſa 1. Timoth. IV. 23 ; & enfin toute l'Apocalipſe. Mais , comme ces Viſions ou Révélations n'ont pas été écrites ſur le champ, que la plûpart ne l'ont été que longtems après, & que pendant cet intervalle elles ont été confiées à la mémoire des Apôtres, il faut ſans doute raiſonner de même ſur la maniere dont ils furent inſpirés en écrivant ces Révélations, que ſur celle dont ils furent inſpirés en écrivant les choſes qu'ils avoient vûës & ouïes auparavant, & dont ils avoient conſervé la mémoire.

IL nous faut donc paſſer maintenant aux choſes de la ſeconde claſſe, c'eſt-à-dire , à celles que les Apôtres avoient appriſes

par

par le moïen des fens.   Sur quoi je remarque encore qu'on peut diſtinguer deux différens tems dans la vie des Apôtres, ſavoir celui qui a précédé leur Vocation, &
celui qui l'a ſuivi.   Pendant le premier, ils
furent élevés & inſtruits dans la Religion
Judaïque, de la maniere qu'on avoit coûtume de l'enſeigner alors au commun
Peuple.   Après leur Vocation à l'Apoſto-
lat, ils furent attachés inſéparablement à
la ſuite de leur divin Maître, & l'accom-
pagnerent par-tout.   Ils eurent le bonheur
d'être témoins de ſes miracles, & d'entendre les diſcours admirables qu'il faiſoit en
public, outre les leçons pleines de ſageſſe
qu'il leur adreſſoit en particulier.

CELA poſé, il s'agit préſentement de
ſavoir de quelle nature étoit l'Inſpiration
qui conduiſoit les Apôtres lorſqu'ils écri-
virent les choſes qu'ils avoient appriſes par
la voïe qu'on vient de marquer.   Sur quoi
il me ſemble qu'on ne doit pas recourir au
miracle ſans néceſſité, ni ſuppoſer que le
S. Eſprit ait de nouveau ſuggéré & ſoufflé,
pour ainſi dire, aux Apôtres ce qu'ils ſavoient déjà.   Il n'a été obligé d'agir que
pour ſupléer à la nature, c'étoit aſſez qu'il
parlât lorſqu'elle ſe taiſoit.   Il ne faut pourtant pas s'imaginer que le S. Eſprit ait été
le ſimple ſpectateur de la maniére dont les
Facultés des Apôtres faiſoient leurs fonctions.   Il faut reconnoître 1. qu'il a été le
premier Mobile de leur compoſition, en
leur fourniſſant les occaſions d'écrire & en
les y pouſſant ſecrétement ; 2. qu'il a pré-
ſidé

fidé aux choix des matiéres qui devoient
entrer dans leurs Ouvrages; 3. qu'il a
rafermi leur mémoire lorsqu'il étoit nécessaire, en retraçant dans leur cerveau
les idées des choses, qu'ils avoient
vuës, ouïes, ou apprises par quelque autre
voie.

P O U R ce qui regarde les raisonnemens
qu'ils faisoient sur les Vérités qu'ils con-
noissoient par l'une ou l'autre des deux premieres voies que nous avons marquées, il
me semble encor qu'il suffit d'admettre un
secours & une direction particuliére du S.
Esprit, qui les empéchât de s'égarer, & de
tirer de fausses consequences. Mais je ne
crois pas qu'on puisse se dispenser de reconnoître que le S. Esprit laissoit aux Apôtres
la liberté d'arranger leurs pensées & leurs
expressions, comme ils auroient fait naturellement en toute autre rencontre. Car
enfin, ils n'étoient pas des instrumens insen-
sibles, ni des organes purement passifs, dont
Dieu se servît pour decouvrir sa volonté
aux hommes. En ce cas-là, on ne devroit pas
dire l'Evangile de S. Matthieu ni l'Epitre
de S. Paul, mais l'Evangile & l'Epitre du
S. Esprit. Or ce n'est point-là l'idée
qu'on doit avoir des Ecrits des Apôtres, ni
de la maniere dont ils furent composés.
Les Facultés naturelles de ces Ecrivains s'ac-
quittoient de leurs fonctions ordinaires.
Leur mémoire, leur jugement, leur volonté, n'agissoient pas moins que leur main
en écrivant, ou que leur bouche en dic-
tant ; mais, tout cela se faisoit sous la direction

tion du S. Esprit, qui présidoit à la compo-
sition, & qui supléoit aux defauts de ces
Facultés, ou qui les fortifioit, lorsqu'il en
étoit besoin.

Ainsi, l'on ne doit pas être surpris de
trouver dans les Ecrits des Apôtres des
traces de la méthode ordinaire que suit
l'esprit humain, lorsqu'il agit sans aucun
secours surnaturel. L'Homme dans le
cours ordinaire médite, raisonne, prend
conseil, & avance par-là de lumieres en lumieres; puis donc que l'on suppose que
l'Homme agit dans les Apôtres, quoique
sous la direction du S. Esprit, il ne faut
pas s'étonner que l'on trouve dans leurs
Ecrits des façons de parler humaines, des
expressions de doute par exemple. Cela ne
conviendroit point à Dieu, qui sait tout, &
qui ne doute de rien; mais cela n'est pas
incompatible dans un Homme qui agit sous
les ordres & avec l'assistance de Dieu; parce que Dieu peut, en le dirigeant, le laisser
en doute sur certaines choses, & le laisser
parler en Homme. C'est ainsi que l'on
trouve de ces sortes d'expressions dans S.
Paul. *Peut-être que je m'arrêterai chez
vous*, dit-il aux Corinthiens. *Peut-être
a-t-il été separé de toi*, dit-il a Philemon en
parlant d'Onesime, *afin que tu le recou-
vrasses pour jamais*. On doit encore raporter à cette classe les expressions indéter-
minées sur le tems où certaines choses sont
arrivées, comme lorsqu'ils disent, *environ
ce tems-là*. C'est ainsi que l'Homme parle,

&

& le S. Esprit n'a pas voulu dans ces occasions réformer le stile humain.

MAIS, pour mieux connoître en quoi consistoit & jusqu'où s'étendoit l'infaillibilité des Apôtres, je crois qu'il faut considerer le dessein que Dieu a eu, en les apellant, & en les envoïant prêcher l'Evangile. C'a été sans contredit d'en faire des Docteurs, par le ministere & sur le témoignage desquels les Hommes pussent recevoir avec une certitude raisonnable la Doctrine de Jesus-Christ comme une Doctrine céleste & révélée. Voilà pourquoi ils reçurent le S. Esprit, avec le don des langues, & les autres dons miraculeux. Ainsi l'on peut distinguer deux sortes de choses dans les Ecrits des Apôtres. Les unes appartiennent directement à la Doctrine de l'Evangile. Les autres n'en font qu'un accompagnement ou un accessoire. Cette distinction posée, on voit clairement, que le S. Esprit leur avoit été donné pour les diriger principalement par raport aux prémiéres. S'ils avoient pû prévariquer dans leur ministére à cet égard, le grand dessein, que Dieu se proposoit d'exécuter par leur moyen, auroit été sans effet. La promesse étoit que le S. Esprit les conduiroit en toute vérité par raport à ce grand but: si l'on suppose donc que l'événement n'a pas répondu à cette magnifique promesse, on enveloppe dans la même accusation le Maître & les Disciples.

QUANT aux choses qui ne font que l'accompagnement de cette Doctrine, l'on

met

met ordinairement en ce rang les Proverbes,
les Affaires particulieres des Apôtres, les
Citations, & quelques autres menuës circonstances de certains Faits. Sur quoi nous
disons 1. que l'on ne doit chercher dans les
Proverbes cités par les Apôtres d'autre infaillibilité que celle du but & de l'application. Pourvû que l'usage en soit bon &
la consequence droite, on n'en peut rien
conclure contre nôtre sentiment. Par raport aux Affaires particulieres, dont les A-
pôtres parlent quelque fois dans leurs Ecrits,
la direction du S. Esprit n'alloit qu'à les empêcher de rien écrire contre la bienséance &
le bon-sens. Il y a plus de difficulté sur
les Citations, & sur quelques legeres circonstances de certains Faits, raporteés dans le
N. Testament. Il y en a qui croïent que les
Apôtres se sont quelquefois mépris dans
ces deux cas, sans que cela fasse pourtant
aucun tort à l'infaillibilité des choses à l'é-
gard du fonds. Or voilà ce qu'il y a d'essentiel dans les Ecrits Sacrés. Le grand
but du S. Esprit a été d'enseigner les Vérités Evangeliques par la bouche & par la
plume des Apôtres; mais son dessein n'a pas
été d'en faire d'habiles Grammairiens, ni
des Orateurs éloquens. Pourvû qu'il les
ait rendu intelligibles, cela suffit. Or nous
avons montré dans ce Chapitre, que leur
Doctrine est fort claire sur tous les Articles
nécessaires au salut. Ainsi la promesse de
Jesus-Christ est accomplie; & nous ne devons pas recevoir avec moins de soûmis-
sion & de respect les Vérités que ses Disciples

ciples nous annoncent dans leurs Ecrits, quoiqu'ils les aient exprimées dans un stile fort simple & qui paroît souvent négligé.

On sait bien que les Apôtres ne possedoient pas toute la pureté de la langue dans laquelle ils ont écrit. Qu'est-ce que cela fait contre l'Inspiration de direction, telle que nous l'avons établie? Le S. Esprit pouvoit sans doute les faire mieux parler qu'on ne parloit à Athenes même. Il ne l'a pas fait: donc il ne les a pas aidés à parler comme ils faisoient? Où est la conséquence? L'on est assûré que les Apôtres ne parloient pas les langues étrangéres dans toute leur perfection. Peut-on conclure de-là qu'il n'en ont point reçu le don du S. Esprit? Point du tout; mais seulement, qu'il ne leur donna l'intelligence de ces langues & la faculté de les parler, qu'autant qu'il jugea nécessaire ou convenable au dessein qu'il se proposoit. Comme il ne vouloit point faire des Apôtres, ni de grands Orateurs, ni des Philosophes subtils, mais seulement donner cours à l'Evangile par leur ministere, leurs fautes grammaticales sont de foibles argumens contre leur Inspiration. Je suis persuadé que le stile des Apôtres est plus fort & plus suivi, qu'il ne l'eût été naturellement, & que ce degré de perfection est l'ouvrage du S. Esprit; mais quand même il les auroit laissé parler en patois Galiléen, cela ne pourroit former aucune difficulté contre l'Inspiration, telle que nous la soutenons. Si les Auteurs Sacrés, en commettant plu-

 sieurs

fieurs fautes contre la Grammaire, ont écrit exactement la vérité, on ne peut rien demander davantage, du moins felon nôtre fiftème. La vérité fait la principale beauté des Ecrits Sacrés. Toutes les paroles font à peu près égales au S. Efprit.

CHAPITRE IX.

Que chaque Chrétien eft obligé de croire tout ce qu'il peut découvrir que l'Ecriture enfeigne ; mais que perfonne n'a droit de contraindre les autres à recevoir fes interprétations.

PUISQUE les Chrétiens ne doivent admettre d'autre Doctrine comme révélée de Dieu, que celle qui fe trouve dans le Livre qu'on apelle la *Bible* ; & qu'avant que d'embraffer aucun Dogme particulier comme un Article de Foi, ils doivent être légitimement affûrés que ce Dogme eft enfeigné dans ce Livre facré; il s'enfuit clairement de-là que perfonne n'a droit de contraindre un Chrétien à recevoir quelque point de Doctrine que ce foit comme un Dogme révélé, fi celui-ci, après un examen fuffifant, ne peut découvrir que ce Dogme foit contenu dans l'Ecriture Ste. Bien moins auroit-on droit d'éxiger de lui qu'il crût le contraire de ce qu'il penfe voir dans les Ecrits des Evangeliftes & des Apôtres. Un fi grand abus n'eft cependant que trop frequent dans le Monde. C'eft

pour-

pourquoi nous ne pouvons nous empécher
de différer encore pour quelques momens
le Paralléle de la Foi & de la Raifon; parce
que nous deftinons ce Chapitre & le fuivant à combattre la Tirannie de ceux qui
s'arrogent le droit de dominer ainfi fur les
confciences, & à réfuter les fauffes raifons
dont ils fe fervent pour juftifier un procedé
fi odieux.

CELA nous paroît d'autant plus néceffaire, que Perfonne ne peut ignorer les maux
infinis qu'ont produits les chaleurs & les
animofités qui regnent dans le Monde à l'oc-
cafion des difputes que les Hommes ont
entre eux fur ce qu'on apelle *Articles de
Foi.* Chacun foutient que les fiens font les
feuls véritables; & même il ne fe trouve
que trop fouvent des Gens affez barbares
pour punir les autres de mort, & pour les
livrer (autant qu'ils peuvent) au Démon
par leurs Anathemes; & cela uniquement
pour une différence d'opinions dans des
fpéculations métaphifiques. Cependant, il
eft certain, que Jefus-Chrift, ni fes Apôtres,
n'ont pas attaché fi indifpenfablement le falut des Hommes à la croïance diftincte
de Mifteres incompréhenfibles, comme
font aujourd'hui ces Docteurs prétendus de
fon Eglife. Car, nous voïons que Jefus-
Chrift a prononcé lui-même St. Pierre
bienheureux pour avoir déclaré feulement en
termes generaux, que Jefus étoit *le Meffie,
le Fils du Dieu vivant.* Matth XVI: 16.
Le Diacre S. Philippe reçût l'Eunuque au
batême fur la profeffion qu'il fit de fa Foi

en

en ce peu de paroles : *Je crois que Jesus est
le Fils de Dieu.* Act. VIII: 37. C'est-à-dire,
je crois que Jesus est le Messie qui avoit
été promis aux Patriarches ; car, croire que
Jesus étoit le Fils de Dieu, & croire qu'il
étoit le Messie, c'étoit la même chose,
comme on peut le voir, en comparant le
verset 45. avec le 49. du premier Chapitre de l'Evangile de St. Jean, & par plusieurs autres passages. Les Juifs avoient
aussi coûtume de donner le nom de Fils de
Dieu au Messie. Mais, revenons à nôtre
sujet. St. Paul s'explique aussi fort clairement là-dessus. *Si tu confesses,* dit-il, *le
Seigneur Jesus de ta bouche, & que tu
croies en ton cœur que Dieu l'a ressuscité des
morts, tu seras sauvé.* Ep. aux Rom. X. 9.
St. Jean dit à peu près la même chose,
Epit. I. Chap. IV. 2.

Lorsque l'on considere la simplicité
de l'Ecriture Ste. en tout ce qu'elle nous
oblige de croire comme nécessaire au salut,
on ne sauroit assez admirer l'imprudence,
la témérité, ou la malice des Hommes,
qui ont embarassé les matiéres de Foi d'un
tas de difficultés inexplicables. Mais, ce
qui montre le plus la hardiesse ou la folie
de ces sortes de Dogmatiseurs, c'est qu'ils
reconnoissent d'un côté que ces Misteres
sont incomprehensibles, & qu'ils passent
la portée de l'esprit humain ; & néanmoins,
ils entreprennent en même tems de les expliquer avec autant de précision, que s'ils
étoient entrez dans les Conseils secrets de
Dieu, ou que s'ils avoient sondé les abî-
mes

mes de ſa Sageſſe infinie. Se peut-il une
contradiction plus viſible?

Il me ſemble donc, que, dans les matiéres qui ſont purement de Foi & qui paſſent les bornes de l'Entendement humain,
le plus ſûr eſt de nous en tenir aux termes
précis de l'Ecriture, ſans y ajouter, ou di-
minuer, ni changer le moindre ïota, par nos
imaginations frivoles. C'étoit-là ce que
vouloit St. Paul, lorſqu'il recommandoit
avec tant de ſoin qu'on *fût fortement attaché à la parole de vérité, telle qu'il l'avoit
enſeignée:* Et encore, *qu'on retint la forme
expreſſe des ſaines paroles qu'on avoit enten-
duës de lui.* Voilà la vraïe Foi pour laquelle il faut combattre, comme nous exhorte S. Jude, ſavoir, *celle qui a été donnée
une fois aux Saints.* Je dis, *une fois donnée*
par Jeſus-Chriſt & par ſes Apôtres, mais
non pas celle qui a été depuis inventée par
la bizarrerie des Hommes. Car, de nous
laiſſer impoſer de nouveaux Articles de
Foi, ou donner aux anciens le ſens qu'il
plaît à certaines gens par leurs paraphraſes
ou gloſes arbitraires, c'eſt ce qui eſt auſſi
indigne de nôtre Raiſon, que contraire à
nôtre devoir.

Mais, dira-t-on, ſi vous ne voulez pas
recevoir ces gloſes, ces explications, ou
conſequences Théologiques, vous ſerez
traité d'Hérétique, on vous excommuniera,
&c. Je repons à cela, que les Hommes feront tout ce qu'il leur plaira; mais que je
ſai fort bien que je ne puis être Hérétique
aux yeux de Dieu, tandis que je reconnois

G 4

Jeſus-

Jesus - Christ pour mon Seigneur & mon Roi, que j'embraſſe ſincerement ſon Evangile, que je m'applique de toutes mes forces à en rechercher le véritable ſens, & que je reçois avec ſoumiſſion tout ce que je crois avoir été révélé dans ce ſacré Livre.

I L en eſt a cet égard des Sujets de Jeſus - Chriſt, comme des Sujets des Princes de ce Monde. Tandis qu'un Homme ſe ſoûmet ſincérement à la volonté de ſon Prince, autant qu'il eſt en ſa puiſſance de la découvrir, il eſt ſans contredit ſon fidele Sujet, & il ne ceſſe de l'être, que lorſqu'il rejette actuëllement ce qu'il croit que ſon Souverain a eu deſſein de lui preſcrire. Il en eſt de même d'un Chrétien, qui lit l'Ecriture pour s'inſtruire de la volonté de Jeſus - Chriſt. S'il vient à ſe tromper dans l'explication qu'il donne à certains Paſſages de l'Ecriture, s'il croit y voir des choſes qui n'y ſont pas, ou qui ſont même directement contraires à la penſée de l'Ecrivain ſacré, il ne laiſſe pas d'être un véritable Sujet de Jeſus - Chriſt, un vrai Membre de ſon Roïaume, tandis qu'il ignore de bonne foi que ces Paſſages ſignifient toute autre choſe que ce qu'il leur fait ſignifier. C'eſt une conſequence qu'il faut néceſſairement admettre, à moins qu'on ne veuille ſoûtenir qu'on ne peut - être véritable Serviteur de Jeſus-Chriſt, ſi l'on n'entend dans ſon vrai ſens tout ce que Jeſus - Chriſt & ſes Apôtres ont enſeigné. Auquel cas, il faudra

dire

dire qu'il n'y a point eu de véritable Chrétien depuis les Apôtres.

Lors donc qu'un Chrétien, après avoir fait tous ses efforts pour découvrir le vrai sens d'un Passage, vient à être persuadé qu'il signifie telle chose dans l'intenion de Jesus Christ, il est obligé, en vertu de l'obéissance & de la fidélité qu'il lui doit, de soûmettre son esprit, & de croire ce Passage dans ce sens-là; autrement, il se revolte contre Jesus-Christ, il rejette son Autorité, il ne le reconnoit plus pour le Messie & révoque en doute sa Mission divine. Ainsi, qu'un Homme qui croit en Jesus-Christ, trouve la *Consubstantiation* dans l'Ecriture, il est obligé de la croire, il ne peut la revoquer en doute sans fouler aux piés l'Autorité de son Divin Maître; &, quoique peut-être Jesus-Christ ni les Apôtres n'aient jamais enseigné une telle Doctrine, il ne laisse pas néanmoins d'être toûjours Chrétien & véritable Sujet de Jesus-Christ. Mais, ce qui est un Article de Foi pour ce Chrétien-là, ne l'est pas pour moi, si l'explication qu'il donne à tels ou tels Passages me paroît contraire à l'intention de l'Auteur de l'Ecriture. Car, en ce cas-là, la même raison qui l'oblige à recevoir cette Doctrine, m'oblige moi à la rejetter. Il la soûtient comme véritable, parce qu'il la croit fondée sur l'autorité de l'Ecriture; il ne peut faire autrement, sans renoncer à l'obéissance qu'il a vouée à Jesus-Christ. Mais cette même obéissance, que je lui dois aussi en qualité

de

de son Snjet, m'empêche absolument d'admettre cette Doctrine, tandis que je la crois contraire à l'Ecriture ou aux lumieres de la Raison.

Si le Chrétien, dont je parle, vouloit là dessus me traiter d'Hérétique, & m'exclure de l'Eglise de Christ, à cause que je ne vois pas la même chose que lui dans l'Ecriture, quoique je lui déclarasse que je ne soutiens rien que je ne croïe très sincérement conforme à la Doctrine qu'elle contient; auroit-il droit de se plaindre de moi, si je le traitois d'Hérétique à son tour, parce qu'il explique l'Ecriture autrement que moi? En effet, qu'est-ce qu'il pourroit alléguer en sa faveur? Diroit-il que je lui fais tort de l'accuser d'Heréfie, parce qu'il ne soutient rien qui ne soit conforme à l'Ecriture? Mais, la question est de savoir s'il est bien vrai qu'il ne croit & n'enseigne rien qui ne soit conforme au vrai sens des Livres Sacrés; car c'est ce que je lui nie absolument: & je ne peux faire autrement que de le nier, tandis que je persisterai dans le sentiment où je suis. Reste donc que mon Antagoniste se contente de dire qu'il croit sincérement que sa Doctrine est conforme à l'Ecriture, qu'il ne la soutient que par cette raison-là, & qu'avec une telle disposition d'esprit il ne peut être *Hérétique*. Mais, si cette raison est bonne dans sa bouche, pourquoi ne le seroit-elle pas dans la mienne, ou dans celle d'un autre?

Concluöns donc, que ceux qui ne soutiennent rien qu'ils ne croїent ſincérement avoir été enſeigné par Jeſus Chriſt & par ſes Apôtres, ſont tous Sujets de ce Divin Seigneur, & tous Membres de ſon Egliſe ; qu'ainſi ils n'ont aucun droit de s'anathé-matiſer les uns les autres, ni de ſe damner mutuëllement, malgré le grand nombre d'Opinions différentes qui les partagent en tant de Sectes, & qu'ils ſont tous également autoriſés à ſoutenir leurs ſenti-mens, tandis qu'ils les croїent conformes à la Doctrine de Jeſus-Chriſt & des Apô-tres, telle qu'ils la peuvent découvrir dans l'Ecriture Ste, après une recherche ſincé-re, exacte, & dégagée de tout intérêt par-ticulier, d'amour de parti, de paſſion, & de tout injuſte préjugé, du moins autant que chacun en eſt convaincu en ſoi-même par le témoignage de ſa propre conſcien-ce : de quoi Dieu ſeul peut être le Juge.

Cette conſequence me paroît ſi juſte & ſi bien fondée, que je ne crois pas qu'au-cun Proteſtant puiſſe raiſonnablement la nier. Pour les Catholiques Romains, ils peuvent la rejetter ſelon leurs Principes ; mais, ces Principes n'étant pas bien fondés, comme nous le montrerons bien-tôt, ils ne me pourront pas empêcher de tirer contre eux la même conſequence. Mais, pour reve-nir aux Proteſtans, je dis que, ſelon leurs Principes, ils ne peuvent ſe diſpenſer d'ad-mettre cette conſequence. Car ils convien-nent tous de ces Principes : 1. Que l'Ecri-ture eſt l'unique Regle de notre Foi : 2. Qu'il n'y a préſentement ſur la terre aucun

Inter-

Interprete infaillible de l'Ecriture: 3. Que chaque Fidele est non seulement en droit, mais qu'il est obligé même, d'examiner les choses par lui-même, de lire l'Ecriture, d'en chercher le veritable sens, & de ne former sa Foi que sur ce qu'il y aura trouvé, & non pas sur l'autorité de quelque Homme, ou de quelque Assemblée d'Hommes, que ce soit. Voilà ce que les Protestans ont déclaré mille & mille fois tant de vive voix que par écrit. Mais, s'ils admettent sincérement ces Principes, comme ils n'en disconvendront pas sans doute, il faut qu'ils reconnoissent, que chaque Chrétien a un droit égal d'interpréter l'Ecriture pour soi-même, & qu'une Doctrine, qui est un Article de Foi pour un Chrétien qui la voit dans l'Ecriture, ne l'est pas pour un autre qui ne sauroit l'y trouver. D'où il s'ensuit évidemment, qu'aucun Protestant n'a droit de diffamer, d'anathématiser, & de traiter comme Hérétiques, ceux, qui, après avoir étudié l'Ecriture avec tout le soin dont ils font capables, y voïent toute autre chose que ce qu'il y voit lui-même.

Vous trouvez, par exemple, les Dogmes de *la Consubstantiation*, de *l'Ubiquité*, de *la Predestination absoluë*, dans l'Ecriture. Eh bien, vous devez les croire. Vous ne sauriez vous en dispenser, j'en conviens, puisque vous les regardez comme révélées de Dieu. Mais, si je rejette ces mêmes Dogmes, parce que je ne saurois les découvrir dans l'Ecriture, je ne vois pas que vous puissiés-vous emporter contre moi, me décrier,

erier, & me damner comme un Hérétique
abominable. Voilà, dis-je, ce que je ne
peux comprendre, à moins que vous ne
prétendiez, que, pour être sauvé, je suis
obligé de croire que toutes les Doctrines,
que vous voïez dans l'Ecriture, y sont effectivement, quoique je ne puisse les y decouvrir moi-même. Mais, si cela est,
pourquoi me recommandez-vous de lire
l'Ecriture, d'examiner toutes choses, & de
retenir ce qui est bon, comme St. Paul l'ordonne? Que ne me donnez-vous plutôt une
Liste de toutes les Doctrines, que vous
croïez renfermées dans ce sacré Livre?
Qu'est il besoin que je les aille chercher
dans l'Ecriture, où je ne les trouverai peut-
être point, puisque je suis également obligé
de les croire, soit que je les y trouve, ou
que je ne les y trouve pas?

MAIS encore, sur quoi fondé pretendez-vous que je croïe qu'un certain Dogme est renfermé dans l'Ecriture, si je ne
puis l'y apercevoir moi-même? Ce n'est pas
sur votre pure Autorité. Car, que vous soïez
Docteur, Professeur en Theologie, Prédi-
cateur; que vous sachiez du Latin, du
Grec, de l'Arabe, de l'Hébreu, & du Syria-
que; que vous ayez même composé de
gros Livres sur les plus importantes Questions de la Theologie; vous êtes pourtant
Homme, c'est-à-dire, sujet à vous tromper.
D'ailleurs je ne vois pas que ceux, qui sont
versés dans ce même genre d'étude, fassent
tous les mêmes découvertes, ni qu'ils s'accordent dans leurs interprétations. Bien
loin

loin de-là, l'un dit blanc, l'autre dit noir.
Il faut donc qu'il y en ait quelques-uns de
part ou d'autre qui s'egarent, & qui donnent
à gauche.   Mais, qui decidera entre les
uns & les autres ? Qui fera le plus habile
de tous ?

CONCLUONS de-là, que nul Homme
n'eſt en droit de décider pour un autre de
ce que l'Ecriture veut que l'on croye. Autrement cet Homme, quel qu'il ſoit, ſe met
à la place de Jeſus-Chriſt, il égale ſon Autorité à la ſienne, il veut faire paſſer ſes interprétations pour auſſi autentiques que le
Texte de l'Ecriture-même, quoiqu'ellesſoient
peut-être fort contraires à l'intention de
l'Auteur de ce Sacré Livre. Car enfin,
les interprétations des Docteurs ſur un grand
nombre de Paſſages étant fort différentes, &
ſouvent contraires les unes aux autres, &
le ſens de chaque Paſſage particulier étant
unique, il ne peut y avoir qu'une interprétation de vraie, toutes les autres ſont fauſſes.   Or, qui me répondra que telle interprétation, qu'on veut me faire recevoir, ne
ſoit pas du nombre des fauſſes ? Je ne peux
donc ni ne dois les recevoir, ſi je ne puis
me convaincre par moi-même de leur
vérité.

D'ICI il eſt aiſé de s'apercevoir combien
il y a de faux, d'injuſtice même, à prétendre faire adopter à d'autres nos propres Opinions, ſous peine de taxer d'erronées, de
dangereuſes, toutes celles qui s'en écartent.
Ne ſeroit-il pas plus équitable, plus convenable à des Hommes toûjours capables de

ſe

se méprendre, de respecter dans autrui une liberté que Dieu lui même ne veut point contraindre, de renvoïer chacun à voir les choses de ses propres yeux, à les voir par lui-même & pour lui même; car il est essentiel de remarquer ici, que chacun devroit se contenter de décider pour soi, & de ne décider qu'à proportion que les choses lui paroissent évidentes.

On me dira sans doute ici, que je ne prens pas la chose comme il faut : qu'à la vérité, pour être sauvé, je ne suis pas obligé de croire tout ce que croit, ou a crû, tel ou tel Docteur ; mais qu'il y a certains Articles nécessaires, certains Points fondamentaux, qu'il faut croire de foi explicite, & qu'on ne peut rejetter sans être Hérétique & hors de la voïe du Salut. Mais, cette objection tombe d'elle-même, après ce qu'on vient de voir ; car, si l'Ecriture est l'unique Regle de notre Foi, tous ces Articles doivent être proposés dans les propres termes de l'Ecriture ; auquel cas, tous ceux qui croient en Jesus-Christ les recevront voluntiers. Mais, si on les exprime en d'autres termes, ce ne seront plus que des gloses, ou des explications, d'un simple Homme, que personne ne sera tenu de recevoir qu'autant qu'il les jugera conformes à l'Ecriture. De plus, toutes les verités nécessaires au Salut étant contenuës dans l'Ecriture d'une maniere claire & proportionnée à l'intelligence des plus simples, quelle raison peut-on alleguer qui oblige de les expli-

expliquer en d'autres termes qu'en ceux de l'Ecriture même? N'est-ce pas vouloir être plus sage que le S. Esprit, & prétendre qu'on peut mieux expliquer, & rendre plus intelligibles, les Vérités du Salut, que les Hommes inspirés n'ont fait? Aussi, quel est l'effet ordinaire de cette orgueilleuse présomption? C'est que bien loin que ces explications prétenduës éclaircissent la Doctrine de l'Ecriture, elles l'embroüillent le plus souvent, & excitent de violentes disputes. Les Docteurs feroient donc mieux de s'abstenir de leurs gloses & paraphrases sur les Articles qu'ils prétendent être fondamentaux; car, si ces Articles sont véritablement tels, ce que l'Ecriture nous en dit suffit pleinement pour instruire un chacun de ce qu'il doit croire sur ces matieres.

Ajoutons encore, que, si la créance explicite des Articles, que les Theologiens des differens Partis font passer pour fondamentaux, & qu'ils déterminent chacun selon leur fantaisie; (car ils ne s'accordent point sur cette Question non plus que sur beaucoup d'autres:) si, dis-je, la créance explicite de chacun de ces Articles est absolument nécessaire à Salut, c'en est fait du Salut des Laboureurs, des Artisans, & mêmes de toutes les Personnes sans étude. Car, avant que de pouvoir croire une Proposition, ou un certain Point de Doctrine, quel qu'il soit, il faut en comprendre le sens. Or, parmi ces Articles qu'on nous donne pour fondamentaux, il s'en

trouve

trouve plusieurs que les Laboureurs, les Artisans, & beaucoup d'autres Personnes ne sont pas en état d'entendre ni de concevoir, du moins dans le sens que les Théologiens donnent aux termes dont ils se servent pour les exprimer; car, pour être en état de comprendre leur Doctrine & ce qu'ils veulent qu'on croie sur les Points dont il s'agit, il faudroit avoir étudié la Théologie Scholastique & la Metaphisique d'Aristote. Ainsi, comment veut-on que les gens sans étude puissent avoir une Foi explicite sur ces Articles? Avant que de pouvoir donner son consentement à une proposition, il faut du moins avoir quelques idées de ce que signifient les termes qui la composent: or, c'est ce qui passe visiblement la portée des ignorans à l'égard de plusieurs de ces Points de Doctrine dont il est question. Concluons donc, qu'ils ne sont pas tenus là-dessus à l'impossible, & qu'on a tort de mettre ces Articles obscurs & difficiles à entendre au rang des Points fondamentaux. Mais, c'en est assez là-dessus. Parlons présentement de l'Eglise Romaine.

Nous avons dit ci-dessus, que cette Eglise a droit, supposée la vérité de ses principes, de traiter d'hérétiques tous ceux qui entendent l'Ecriture autrement qu'elle, & qui ne se soûmettent pas à ses décisions: ce que les Protestans ne peuvent pas faire sans contredire aux principes qu'ils admettent, comme on vient de le voir. La raison de cette différence est, que l'Eglise

Romaine prétend être infaillible, au lieu que les Protestans ne s'arrogent point une semblable prérogative. Ainsi les Catholiques-Romains raisonnent conséquemment, lorsqu'après avoir posé l'infaillibilité de leur Eglise, ils en concluënt que tous les Chrétiens sont obligés de se soûmettre à ses décisions, & qu'elle a droit de foudroïer de ses Anathemes tous ceux qui refusent de lui obéir & d'embrasser sa Doctrine. Il faut l'avouër, la conséquence est incontestable, supposée une fois la vérité du principe. Mais, il est question de savoir, s'il est bien vrai que l'Eglise Romaine soit infaillible, & que Jesus-Christ lui ait conferé le grand Privilége de ne pouvoir errer sur les matiéres de Foi. Car, si cela étoit, l'infaillibilité de l'Eglise Romaine seroit sans contredit un Article fondamental, que tout Chrétien seroit obligé de croire; & Jesus-Christ auroit proposé cet Article si nettement, qu'il n'auroit pas été possible de ne le pas voir dans les Ecrits des Evangelistes & des Apôtres. On l'y verroit, dis-je, exprimé aussi clairement & aussi souvent que celui-ci, savoir, que *Jesus est le Messie*. Cependant, il y a je ne sai combien de Chrétiens, qui, quoiqu'extrémement opposés en d'autres choses, s'accordent à soutenir, qu'il est impossible de prouver par l'Ecriture cette prétenduë infaillibilité.

Les Catholiques-Romains eux-mêmes n'en ont encore pû couvenir entre eux, & ne le pourront jamais, ou je serois bien trompé: quoiqu'il en soit, il est certain du moins

moins qu'ils n'ont encore pû convenir du
sujet en qui réside cette infaillibilité qu'ils
attribuënt à leur Eglise. Chacun sait les
grandes disputes que les Docteurs Romains
ont là-dessus entre eux. Les uns prétendent, que ce rare Privilége n'a été accordé
qu'au Pape seul. Les autres le nient fortement, & soutiennent que ce n'est qu'à un
Concile vraîment écuménique qu'une Prérogative si sublime apartient. Enfin, un
tiers Parti, pour tâcher d'accorder les deux
autres, soutient, qu'en matiere de Foi, les décisions, pour être infaillibles, doivent éma-
ner du Pape & du Concile unis ensemble,
Sans entrer plus avant dans cette matiére,
contentons-nous de remarquer ici deux
choses.

La premiere est, que les objections que
ces Docteurs se font les uns aux autres,
dans les disputes qu'ils ont sur ce sujet,
suffisent pleinement pour détruire chacune
de ces Hypothèses. Ainsi, l'on pourroit se
passer, si l'on vouloit, d'emploïer contre
eux d'autres armes que celles qu'ils nous
prêtent eux-mêmes, pour les battre également en ruine.

Notre seconde Remarque est, que les
Catholiques-Romains conviennent eux-
mêmes, qu'ils ne peuvent prouver la prétenduë infaillibilité de leur Eglise que par
l'Ecriture. D'où il s'ensuit manifestement,
que, si je ne vois rien de tel dans les Passages qu'ils citent pour établir ce Dogme,
je ne suis point obligé de le croire. Au
contraire, si je suis persuadé que ces Passa-

 ges

ges ont tout un autre sens, que celui que l'Eglise Romaine leur attribuë, je ne puis embrasser l'explication qu'en donne cette Eglise, sans méprifer l'autorité de Jesus-Christ même. Et si, sans entendre ces Passages, je reçois aveuglément l'interprétation des Docteurs Romains, je ne crois plus l'infaillibilité de l'Eglise Romaine sur l'autorité de Jesus-Christ, mais sur celle de ces Docteurs. Auquel cas, une autre Eglise n'a qu'à se dire infaillible, à quoi la plûpart n'ont que trop de penchant, les voilà à deux de jeu, & également bien fondées par raport à moi. Je ne suis donc obligé de croire l'infaillibilité d'aucune Eglise, qu'au cas que je trouve que c'est une Vérité révélée. C'est pourquoi, si, après avoir consulté l'Ecriture, je ne vois pas qu'elle attribuë un tel privilége à aucune Eglise, je ne puis ni ne dois le croire, & personne n'a droit de m'y contraindre. Si quelqu'un donc l'entreprenoit, ce ne pourroit être qu'injustement ; ainsi que toutes les raisons, qu'on vient de produire en ce Chapitre, le montrent évidemment.

CHAPITRE X.

Réponses à quelques Objections contre la Doctrine du Chapitre précédent.

IL arrive souvent, que les difficultés & objections qu'on se forme soi-même, pour combattre la vérité de quelque propo-

pofition que ce foit, font plus d'impreffion
fur l'efprit, que les preuves les plus fortes
qu'on puiffe aporter au contraire. C'eft ce
qui m'engage à réfuter quelques objections
que j'ai fouvent entendu faire contre ce
que nous venons d'établir, & qui l'emportent dans l'efprit de bien du monde fur
les raifons les plus évidentes.

I. L'on impute à cette Doctrine l'ab-
furdité des changemens, auxquels nous
ferons toûjours fujets, tandis que nous nous
remettrons fi fort à la conduite de nôtre
Raifon, pour juger de ce que nous devons
croire. Nous ne ferons pas feulement différens les uns des autres, mais foûvent de
nous-mêmes. Nous changerons de Religion auffi fouvent que d'habits. Aujour-
d'hui nous ferons Papiftes, demain Luthé-
riens, & bientôt après Calviniftes. J'avouë
d'abord, que l'inconftance eft une grande
imperfection; c'en eft une même dans le
Sexe le plus foible, & elle paroît tout-à-
fait indigne des Hommes, fur-tout dans
l'affaire la plus importante de la vie, qui
eft le choix d'une Religion. Cependant, je
ne vois pas que la crainte de ce fcandale
doive nous obliger à nous foûmettre aveuglément à toutes les Opinions qui regnent
dans la Société où nous fommes nés. Au
contraire, nous fommes obligés, comme on
l'a prouvé ci-deffus, d'examiner foigneufement fi ces Opinions font conformes aux
Lumieres de la Raifon & à celles de la Révélation. Et, après que cette recherche
aura été duëment faite, il n'y a pas d'ap-

　parence

parence que nous changions si souvent & si
légérement; ou du moins, si nous le faisons, ce sera une grande marque, (quoiqu'à
la vérité non pas infaillible,) que nous n'a-
vons pas aporté au commencement toute la
diligence & l'exactitude que nous devions
dans cette recherche. Car, si nous avions
suivi exactement les Régles que nous prescrit la Raison, il y a beaucoup d'apparence
que nous aurions suspendu nôtre jugement,
lorsque nous n'aurions pas eu des preuves
claires, & convaincantes, soit de la Révélation en elle-même, soit du sens de ladite Révélation. Ainsi, quand nous aurons
une fois solidement établi nôtre créance,
si nous y rencontrons quelques difficultés
imprévûës, encore que nous ne trouvions
pas d'abord moïen de les résoudre, nôtre
Raison ne voudra pas pour cela que nous
changions incontinent d'avis. Au contraire,
elle suspendra ses résolutions, elle fera de
nouvelles réfléxions, & se tournera en mille
maniéres différentes, plûtôt que de deses-
pérer d'y pouvoir répondre. Que si après
tout cela les objections demeurent invincibles, elle considerera d'un autre côté, si
elle se déterminoit maintenant à changer
d'avis, quelle réponse elle feroit à tous les
argumens qui sont pour sa premiére Opinion; &, si par événement les difficultés
se trouvoient égales des deux côtés, elle
choisira plûtôt de rester comme elle étoit,
que d'innover davantage. Cette Régle bien
observée, nous ne serons pas sujets à de
fréquens changemens. Véritablement, nous

ne serons point hors de toute possibilité de changer ; mais aussi n'est-il pas nécessaire, ni même possible, que nous le soïons pendant cette vie.

M a i s, si après avoir fait tout ce qui est en nous pour bien choisir, nous avions le malheur de nous méprendre, nôtre erreur seroit involontaire, & doit être censée invincible en ce cas ; & par conséquent elle ne causera point nôtre perte éternelle. Car, de même que la liberté de nos volontés, & le pouvoir que nous avons d'agir d'une maniere ou d'une autre, nous fait subir avec justice la punition de nos méchantes actions ; ainsi il n'y a que le pouvoir que nous avons de discerner & d'embrasser la vérité, qui peut nous exposer avec justice à des punitions pour nos créances erronées. Il ne faut donc point penser que les erreurs de créance soient damnables ; parce que cette Opinion est trop répugnante à l'idée que nous devons avoir de la justice & de la bonté de Dieu. En effet, ne seroit-ce point blasphémer, & accuser Dieu d'injustice, que de dire qu'il nous punit pour des erreurs inévitables ? Et certainement elles font inévitables, quand on y tombe après avoir pris tous les moïens, & avoir fait tous les efforts possibles, pour les éviter.

U n e autre raison de rejetter cette idée, c'est qu'elle répugne trop à la Charité, & qu'elle efface le nom de plusieurs millions d'Hommes du Livre de Vie, pour un seul qu'elle y retient. En effet, à comprende

H 4

tous

tous les Hommes & tous les Siécles, le
nombre de ceux qui ont tenu des erreurs
& des erreurs confidérables, que nous eſti-
mons très-manifeſtes, quoiqu'elles ne leur
ayent point paru telles, eſt infiniment plus
grand que de ceux qui ont été aſſez heureux pour connoître la Vérité. Ainſi, l'on
ne devroit pas enſeigner, que les erreurs de
créance font capables de cauſer nôtre damnation, à moins qu'on ne pût nous donner
le détail exact de celles qui le font; parce
qu'on demeure d'accord que toutes ne le
font pas, & que l'incertitude de cette diftinction feroit capable de faire douter, ou
plûtôt de faire deſeſperer du ſalut tous ceux
qui y réflechiſſent. Car, nous ſavons que nous
ne pouvons être exempts d'erreurs pendant
cette vie : or, l'on veut que nous croïons
qu'il y a de ces erreurs qui font damnables,
fans pourtant nous faire connoître leſquelles ce font.   Dans cet état, de quel repos
pouvons-nous jouir dans nos conſciences?

A J O U T E Z de plus, que ſi les erreurs
de nos Entendemens font des péchés, il eſt
impoſſible de s'en repentir; car, la repen-
tance préſume la connoiſſance du péché :
mais, ni l'une ni l'autre n'a lieu dans les
erreurs de l'Entendement, parce que nous
ne pouvons pas nous affliger d'une opinion
comme erronée, tandis que nous ſommes
encore perſuadés qu'elle eſt véritable. Cependant, il eſt conſtant que Dieu nous ordonne de nous repentir de nos péchés, &
que c'eſt ſous cette condition qu'il nous
en promet le pardon.   Or, quelle appa-
ren-

rence y a-t-il qu'il nous impoſe une condition qu'il nous eſt impoſſible de remplir?

ENFIN les grandes apparences de vérité, qu'ont ſouvent les erreurs, nous doivent encore perſuader, que Dieu ne les pu-
nira pas avec rigueur. En vérité, on ne
conçoit pas que cela ſe puiſſe accorder avec
la bonté de Dieu, d'avoir tellement caché,
enveloppé, & preſque deguiſé la Vérité,
s'il avoit eu deſſein de punir l'erreur par
une ſentence auſſi ſévére, que celle de la
perdition éternelle. Sans doute que celui,
qui nous a donné des régles capables de ſi
différentes interprétations, tandis qu'il lui
étoit facile de les rendre claires & intelligibles également à tout le monde dans un
ſens unique & fixe, veut bien auſſi que
nous les interprétions diverſement. Les
Hommes ſont donc trop rigides en ceci à
l'égard les uns des autres. A la vérité, ſi
les erreurs de créance précipitoient néceſſairement les Hommes dans l'Enfer, ſi
elles étoient de vraies gangrénes, autant mortelles que contagieuſes; j'avoué
volontiers, que la charité & la prudence nous obligeroient à nous ſervir du
fer pour les retrancher. Mais, ces ſortes
de maladies ne ſont pas ſi mortelles que
les Medecins prétendus des Ames le diſent,
pour augmenter leur réputation.

II. ON fait une autre Objection, qui paroît extrémement forte à bien des gens, &
à laquelle les partiſans de la ſoûmiſſion
aveugle donnent des couleurs tout-à-fait
tragiques. Ils diſent donc, que ſi on laiſſe

H 5

cette

cette liberté de sentimens aux Particuliers,
elle fera naître autant de Religions qu'il y
a de personnes au monde ; & que par consequent elle produiroit par-tout une confusion & un desordre, qui seroient incompatibles avec le repos ou plutôt avec l'Etre
même de la Societé Civile.

L'Accusation est grave ; & si, par
avanture, nôtre Raison se trouve coupable,
& demeure convaincuë d'une Furie si pernicieuse, il faudra la tenir bien enchaînée
dans l'obscurité ; mais, j'espere qu'elle s'en
justifiera. On sait que la Philosophie ancienne étoit partagée en plusieurs Sectes,
comme *les Pytagoriciens*, *les Epicuriens*,
les Stoiciens, *les Platoniciens*, *les Péripateti-
ciens*, *les Ciniques*, *les Stratoniciens &c.*,
qui différoient tous sur les Points les plus
importans, tels que sont *la Liberté des
Actions humaines*, *l'Immortalité & la Spiri-
tualité de l'Ame*, *l'Existence & la Nature
des Dieux*, *le Soin qu'ils prennent du Gou-
vernement du Monde*, &c. Cependant, cette
diversité d'Opinions sur des matiéres de si
grande importance ne causa jamais aucun
trouble dans la Grece. Chacun gardoit
son opinion avec plus de sûreté & de liberté
qu'il ne joüissoit de ses biens ; & on étoit si
éloigné de croire que la différence des sentimens entre les Philosophes pût être la
cause de quelque desordre, que les Epicuriens, aussi bien que les autres, recevoient
des Apointemens du Public.

Il en étoit de même à l'égard de la
Religion des Anciens, que de leur Philosophie.

phie. L'ancienne Rome avoit dans son sein plus de six cens sortes de Religions & de Cultes différens. La plûpart des Villes avoient des Divinités différentes les unes des autres. Et cependant on ne lit dans aucun Historien que cette grande diversité de Cultes ait jamais causé le moindre trouble dans la Societé. Pourquoi cela? *C'est que chacun étoit assez équitable pour accorder aux autres la même Liberté, dont il étoit bien-aise de jouir lui-même.*

MAIS, si l'esprit de persécution avoit régné parmi eux, s'ils s'étoient réciproquement condamnés aux fagots, s'ils s'étoient jettés les uns les autres dans de noirs cachôts, enfin s'ils s'étoient fait toutes sortes de violences en ce monde, en s'entre-menaçant encore d'une eternelle damnation dans l'autre, pour enflammer par ce moïen le zêle des ignorans, on auroit vû parmi eux les mêmes desordres & les mêmes excès, qu'on voit aujourd'hui parmi ceux qui ne veulent laisser aucune Liberté de sentimens en matiére de Réligion. Ce n'est pas ici une réflexion faite à la legere, c'est une vérité mise dans tout son jour par l'expérience. En effet, combien y a-t-il de disputes permises, & qui ne sont que pour exercer l'esprit, qu'on agite entre les Medecins, les Philosophes, & les Théologiens mêmes, sans qu'elles produisent aucun mauvais effet? Qu'on jette encore les yeux sur les Etats, où le sage Magistrat accorde à chacun une équitable Liberté de conscience; il n'y a personne qui du premier coup d'œil

ne reconnoisse quelle paix & quelle tran-
quilité leur Principe de Tolérance répand
dans ces heureux Païs, malgré le grand
nombre de Sectes qui s'y trouvent, & qui
y jouïssent chacune du libre exercice de leur
Religion.

Est-il maintenant difficile de concevoir la raison pourquoi il s'est ensuivi tant
de desordres, & tant d'effusions de sang,
depuis que la Reformation eût une fois ouvert la porte à cette Liberté de sentimens en
matiere de Religion? Car, hélas! l'Alle-
magne, la France, les Païs-Bas, l'Angle-
terre, & l'Ecosse, en savent bien que dire,
n'aïant été que trop long-tems les affreux
théatres des sanglantes tragedies qui se sont
joüées pour ce sujet. Mais, si l'on examine bien la cause des barbaries & des cruau-
tés inouïes qui se font commises à cette
occasion, on trouvera que ce n'est pas l'u-
sage général de cette Liberté, mais l'appro-
priation & la restriction que certaines Gens
en font à eux-mêmes, qui est la véritable,
& même, comme je crois, l'unique fource de tous ces desordres. En effet, peut-
on s'imaginer une Doctrine plus douce &
plus paisible, que celle qui permet la diversité des créances? Car, quel sujet y a-t-il
de trouble, quand chacun a la Liberté de tenir son opinion en repos, & qu'il est persuadé qu'il doit accorder la même Liberté
aux autres? Mais si, nonobstant la vaste
étenduë de probabilités qui se trouvent en
toutes sortes de recherches, & encore plus
particulierement en celles de la Religion,
com-

comme étant obscures & inévidentes d'elles-mêmes, des Gens se coiffent néanmoins
de cette imagination que toutes les opinions,
qui ne tombent pas justement dans leur sens,
sont iniques & damnables, & qu'il n'est
point d'autre chemin qui conduit au salut,
que celui par lequel ils passent ; c'est-là que
nous pouvons observer que la confusion &
que les calamités sont d'une conséquence
inévitable. Car, si nous sommes obligés
de lier les mains à un furieux, pour l'empêcher de se donner la mort ou de la donner
à d'autres, la charité nous oblige encore
plus de nous servir de la force pour empêcher qu'on ne prenne la route qui conduit,
selon nous, à la perdition éternelle.

D E plus, l'intérêt particulier & le soin de
notre postérité nous y engage encore ; car
nous craignons, que, sans l'extinction des
Hérésies, elle ne courût risque d'être trai-
tée par la Secte opposée avec la même rigueur que celle que nous emploïons contre
elle. C'est ainsi que ce génie de persécution arme tous les hommes les uns contre
les autres. En effet, pour me garantir des
violences qu'on me feroit, la prudence veut
que je mette, autant que je puis, mon Ennemi hors d'état de me nuire. Concluons
de-là, que les miseres, qui ont suivi la diversité des Opinions parmi les Chrétiens, sont
proventuës absolument de ces deux abus:
savoir, que les hommes ont attaché l'infaillibilité & le salut à leurs propres sentimens,
& au contraire l'erreur & la damnation à
ceux des autres.

III.

III. Nous ne toucherons plus qu'une Objection, de toutes celles qu'on a coûtume d'entasser les unes sur les autres contre le sentiment que nous défendons ici. Elle consiste à dire, que les Ecclesiastiques étant préposés pour instruire le Peuple dans la Religion, celui-ci doit les en croire sur ces matiéres ; & qu'il ne doit pas avoir moins de confiance en eux à cet égard, qu'il n'en a dans les Medecins & les Avocats pour ce qui concerne le Droit & la Médecine. Il y auroit plusieurs Réflexions à faire sur cette Objection, & qui pourroient toutes à leur maniere y servir de réponse. Mais, pour éviter la prolixité, nous nous contenterons d'en indiquer seulement quelques-unes de celles qui nous sont venuës dans l'esprit en méditant sur ce sujet.

1. Puisqu'il est permis à tout le monde d'étudier la Jurisprudence & la Médecine, & que chacun peut suivre ses propres lumieres lorsqu'il a quelque procès ou quelque maladie, quoiqu'il y ait des Homines qui fassent une Profession particuliere de ces Sciences ; pourquoi n'auroit-on pas la même Liberté par raport à la Théologie ? Qu'est-ce qui empêche qu'un Homme ne puisse s'appliquer à cette Science ? Or, si par son étude il vient à acquerir autant de connoissance de la Théologie, que celui qui porte le Bonnet de Docteur, pourquoi ne lui seroit-il pas libre de suivre son sentiment sur un Point de Doctrine ? D'où il me semble que je suis en droit de conclure qu'il n'y a aucune nécessité de s'en raporter

au

au ſentiment de qui que ce ſoit en fait de
Théologie , non plus qu'en fait de Medecine & de Droit.

M A I S 2. quand j'accorderois que les
hommes ſont obligés en général de s'en raporter en matiére de Médecine & de Droit
à ceux qui exercent ces Profeſſions , on n'en
pourroit tirer aucune conſéquence pour la
Théologie ; parce que ce ſont des Cas tout
differens, comme il eſt facile de le prouver.
En effet, lorſque ne me ſentant pas aſſez
verſé, ſoit dans le Droit, ſoit dans la Médecine , j'ai recours à un Avocat ou à un
Medecin, je ne ſuis obligé en aucune maniére de croire les principes ou les ſentimens, ſur leſquels les procédures de l'un,
ou les ordonnances de l'autre , ſont ap-
puiées, ni d'entrer même en aucune connoiſſance là-deſſus. Le Médecin peut me
guérir, l'Avocat peut me faire gagner mon
procès, quoique je ſois très-ignorant à l'é-
gard de toutes les choſes qui regardent
leurs Profeſſions ; parce qu'on peut agir
dans ces cas-là par Procureur. Mais, en
matiére de Religion, c'eſt toute autre choſe :
je ſuis dans l'obligation de faire moi-même
profeſſion de telles ou telles *Opinions*. Je
ne puis dans ces ſortes d'affaires en ſubſti-
tuér un autre en ma place. Ce ſera ma Foi
qui me ſauvera, & non pas celle de mon
voiſin. D'où je conclus, qu'il eſt indiſpen-
ſablement de mon devoir d'examiner & de
juger par moi-même, ſur le chapitre de la
Religion , au lieu que je ſuis très-libre
d'étudier, ou non, le Droit & la Medecine.

3. O n

3. On a beaucoup plus de fujet de s'en fier aux Médecins & aux Avocats en fait de Médecine & de Droit, que non pas aux Eccléfiaftiques en matiére de Théologie. Pour en être convaincu, il ne faut que confiderer la maniére toute differente avec laquelle les uns & les autres s'appliquent refpectivement à ces diverfes Sciences, & dont ils font obligés chacuns de s'acquitter des fonctions qui regardent leur Profeffion. L'unique intérêt des Médecins & des Avocats eft de fe rendre habiles dans les Sciences qu'ils veulent profeffer, d'aprofondir les matiéres qui en font le fujet, & de difcerner fur toutes ces chofes les fentimens véritables de ceux qui ne le font pas. De plus, ils ne font, ni établis, ni gagés, pour défendre les fauffes Opinions qui peuvent être dans leurs Profeffions. L'Avocat & fon Client, le Médecin & fon Patient, ont un intérêt égal dans le fuccès, foit d'un procès, foit d'une cure.

Mais, il n'en eft pas de même des Ecclefiaftiques. Le but, où tendent leurs études, n'eft pas de rechercher quelles font les opinions les plus faines & les plus conformes à la Vérité en matiere de Religion & de Théologie, mais feulement d'apprendre l'Art de foutenir méthodiquement les Dogmes qui paffent pour Articles de Foi dans la Societé dont ils fe deftinent à devenir les Conducteurs. Auffi leur unique foin eft-il de chercher des raifons pour appuïer ces Dogmes, & pour s'en perfuader le plus forte-

ment

ment qu'ils pourront; parce qu'ils favent
qu'ils ne feront confiderés & avancés dans
leur Parti, qu'à proportion du zele & de
l'habileté qu'ils feront paroître à défendre
les Opinions qui conftituënt la caractére
diftinctif de la Secte. Je laiffe à juger fi,
dans cette difpofition d'efprit, ils examinent
jamais bien fincérement la vérité de ces Dogmes, & s'ils péfent dans une jufte balance
les raifons pour & contre. On m'avouëra
fans doute, qu'il n'y a pas beaucoup d'apparence à cela. Au contraire, nous voïons
que la plûpart d'entre eux détournent foigneufement leurs Sectateurs d'un pareil
examen, & qu'ils leur difent que cette envie d'examiner eft une fubtile tentation du
Diable, qui cherche à les écarter de la bonne
voie. Il eft donc tout vifible, qu'il n'y a
point de Profeffion, où l'on foit plus expofé à
donner dans les écarts, où les préjugés, la
prevention, l'efprit de parti, l'intérêt, &
les autres paffions, font capables d'entrai-
ner les hommes, fi l'on n'a une droiture
extraordinaire d'efprit & de cœur.

A quoi nous ajoûterons, que c'eft une
chofe inconteftable & une vérité qui faute
aux yeux, que les Ecclefiaftiques par-tout
(les feuls Orthodoxes exceptés) font établis & gagés pour enfeigner l'erreur, & pour
l'inculquer dans l'efprit des autres hommes
le plus qu'ils pourront. Or, comme l'Or-
thodoxie eft une chofe un peu équivoque,
& que la Religion dominante dans chaque
Païs s'empare de ce beau titre, je demande

s'il n'y auroit pas de l'imprudence à croire aveuglément les Ecclésiastiques du Païs ou de la Secte, où nous sommes nés, sur leur parole, & sans examiner le poids ni la valeur de leurs raisons? Si l'on suppose une fois que nous devons sur ces matiéres nous en raporter aux decisions de nos Conducteurs sans plus ample information, il s'ensuit nécessairement de-là que chacun peut & même doit rester tranquillement dans la Religion où il est né, soit Juif, soit Mahometan, ou autre Infidéle. Car, pourquoi devroient-ils moins s'en raporter à leurs Conducteurs que nous aux nôtres? C'est, repartira peut-être quelqu'un, que nos Directeurs spirituëls nous enseignent la vérité, au lieu que les Prêtres des Mahométans, des Juifs, ou des Payens, n'enseignent que l'erreur & le mensonge à leurs Sectateurs. Mais, comment savez-vous, lui dirai-je à mon tour, que vos Guides spirituëls ne vous enseignent que la pure vérité, puisque vous n'avez pas examiné si leur Doctrine est bien fondée, & que vous ne l'avez jamais vérifiée sur des principes incontestables? Ainsi, avant que de condamner si hardiment ceux des autres Sectes de ce qu'ils suivent aveuglément leurs Conducteurs, avant que de blâmer si fiérement leur sotte crédulité, nous devrions un peu tourner les yeux sur nous-mêmes, pour voir si nous ne sommes pas coupables du même défaut. Et, s'il se trouvoit par hazard que nous péchons justement par le même endroit que ceux que nous con-

condamnons, pourrions - nous en bonne
conſcience nous diſpenſer de prononcer
contre nous-mêmes l'arrêt de condamnation que nous avons déjà dreſſé contre les
autres?

CHAPITRE XI.

*Si la certitude de la Foi eſt plus grande que
celle que nous avons des Vérités naturelles qui nous ſont connuës par la
Raiſon & par les Sens?*

ON nous reprochera peut-être, que nous
en venons un peu tard au Sujet principal qui doit être traité dans cet ouvrage,
du moins s il en faut croire le Titre. J'a-
voüe qu'à quelques égards cette plainte eſt
aſſez bien fondée ; mais, on me permettra
de repréſenter pour ma juſtification, qu'a-
vant de pouvoir comparer la Certitude de
la Foi avec celle de nos Connoiſſances naturelles, il nous a falu auparavant expliquer ſur quoi eſt fondée cette Certitude de
la Foi, & parler du grand nombre de connoiſſances qu'elle ſuppoſe & qui lui ſervent
de fondemens: ce qu'on n'a pû faire ſans
entrer dans un détail qui ne pouvoit manquer de nous mener un peu loin. Il eſt
vrai que nous aurions pû nous diſpenſer de
traiter, du moins ſi au long, certaines matiéres, comme, par exemple, celles qui
ſont contenuës dans les deux ou trois der-

I 2

niers

niers Chapitres qui précédent immediatement celui-ci : mais les Observations, que
nous avions à faire sur ces matiéres, & qu'on
a vûës dans les Chapitres cités, nous ont
paru si importantes, que nous n'avons pû
nous résoudre à les ômettre. J'espére même
qu'un bon nombre de Lecteurs ne me sau-
ront pas mauvais gré de cette espèce de
Digreffion. Quoiqu'il en soit, nous allons
enfin rentrer dans la voïe, & entamer le
Sujet que nous nous sommes principalement
proposé de traiter dans cet Ouvrage, (ainsi
que le Titre l'annonce,) & auquel se raporte, soit directement, ou indirectement,
tout ce qu'on a vû jusqu'ici.

On demande donc, si la Certitude, que
nous avons des Vérités que la Foi nous
enseigne, égale ou surpasse celle que nous
avons des Vérités que nous connoissons par la
Lumiére de la Raison & par le raport des
Sens ? Les Théologiens sont fort partagés
sur cette Question : les uns tiennent pour
l'affirmative, & les autres pour la négative.
Nous verrons dans la suite qui a tort ou
raison ; mais il nous faut auparavant parler
d'un troisiéme Parti, qui croit pouvoir accorder les deux autres, & terminer le différent, en distinguant une double certitude,
l'une de spéculation, & l'autre d'adhéfion.
La prémiere est uniquement fondée sur la
force & l'évidence des preuves, & elle ne
s'étend jamais au-delà La seconde con-
fiste dans l'amour qu'on a pour ce qu'on
croit, ce qui fait qu'on s'y attache fortement.

CE-

CELA supposé, ils avouënt, que les Fideles n'ont pas une plus grande certitude de spéculation à l'égard des Vérités de la Foi, que celle qu'ils ont à l'égard de plusieurs Vérités qu'ils connoissent par la Lumiere naturelle ; & qu'il seroit ridicule de dire qu'un Chrétien est plus certain de la Vérité des Articles qui composent sa Créance, que de celle-ci, par exemple, deux & deux font quatre, ou que de la vérité des principes de Mathematiques, quand il y pense actuellement. Mais les Théologiens, dont il s'agit, prétendent d'un autre côté, que les Fideles ont une plus grande certitude d'adhésion à l'égard des Vérités du salut, que non pas à l'égard des Vérités naturelles, c'est-à-dire, qu'ils ont plus d'amour & d'attache pour la moindre des Vérités de la Foi, que pour toutes les Démonstrations de la Géometrie.

RIEN n'empêche qu'on ne puisse admettre la distinction de ces Théologiens ; mais elle ne remedie à rien, & ne resout pas la Question proposée ; car il est évident, que ce qu'il leur plait de nommer certitude d'adhésion suppose nécessairement celle qu'ils appellent certitude de spéculation. En effet, cet attachement, cet amour pour une Vérité, ce soin de se la rendre présente & de ne la perdre jamais de vûë, n'est juste & raisonnable qu'autant qu'il suppose que son objet est une Vérité certaine & démontrée d'ailleurs ; parce que c'est alors seulement qu'on a droit de le regarder comme une Vérité, & qu'autrement

on court rifque de s'attacher à la fauffeté,
& de tomber dans l'erreur & dans l'illufion. Il eft donc clair qu'on ne peut rai-
fonnablement fe perfuader la vérité de quelque Propofition que ce foit, qu'autant qu'elle eft évidente en foi , ou évidemment
prouvée.

A la vérité , il y a eu des Théologiens
célébres , qui ont crû qu'il y avoit deux chofes qui pouvoient fupléer le défaut d'évidence , foit dans l'objet , foit dans les motifs qui
nous portent à croire ; favoir, l'importance
de la chofe , & l'operation du S. Efprit :
mais on ne peut admettre ni l'une ni l'autre de ces deux fuppofitions.

CAR premierement, pour ce qui eft de
l'importance de la chofe, j'avouë qu'elle
produit fouvent cet effet , mais je foutiens
qu'elle ne devroit pas le faire. Bien des
Gens fe perfuadent ce qu'ils fouhaitent : on
n'en voit tous les jours que trop d'exemples ; mais ils n'en font pas pour cela plus
fages. Le bon-fens veut qu'on ne fe perfuade les chofes qu'à proportion de ce qu'elles ont d'évidence , ou au moins de probabilité ; & il n'y a perfonne qui ne fe moque
de ceux qui fe perfuadent certaines chofes
fans autre raifon , ou fondement, que parce qu'il leur feroit avantageux qu'elles fuffent ainfi. Il importeroit, par exemple, à
bien des Gens, qu'il n'y eût pas d'Enfer;
mais, doivent-ils fe perfuader à caufe de
cela qu'il n'y en a point effectivement ?
L'importance ne peut donc fupléer le de-
faut d'évidence dans ce qu'il faut croire.

On

On ne peut pas dire tout-à-fait la même choſe de l'opération du S. Eſprit. Il eſt certain que le S. Eſprit pourroit, s'il vouloit, nous perſuader fortement d'une choſe, quoiqu'elle n'eût aucune ſorte d'évidence; mais il ne paroit pas moins certain qu'il eſt impoſſible qu'il le veuille. En effet, ſi le S. Eſprit ne peut nous pouſſer à croire quelque choſe ſans motif & ſans raiſon, il ne répugne pas moins à la droite Raiſon de dire, qu'il peut nous pouſſer à croire au-delà du degré de force & de certitude qu'ont les motifs qui nous déterminent objectivement à croire; car ce ſeroit dire qu'il peut nous pouſſer à faire des actes injuſtes & déraiſonnables.

D'ailleurs, le S. Eſprit ne nous propoſe pas interieurement & par lui-même les motifs qui nous portent à croire, autrement ce ſeroit un Entouſiaſme, ou une Inſpiration immédiate; mais il nous les fait propoſer par ceux qui nous inſtruiſent des Vérités de la Religion. La Grace conſiſte donc uniquement à diſpoſer notre entendement à recevoir ces Vérités, ſoit en nous ouvrant l'eſprit pour les comprendre, ſoit en éloignant ou en détournant les objets qui nous empêcheroient d'y prêter attention, de les goûter, & d'y acquieſcer. Ainſi, la Grace, ou l'Operation du S. Eſprit, ne change pas la nature des preuves, elle ne leur donne pas une plus grande force que celle qu'elles ont naturellement. Il y a même de l'abſurdité à le ſuppoſer; car il eſt clair qu'un Argument, qui n'eſt que probable,

I 4

ne peut jamais dévenir une démonſtration,
ni une preuve convaincante. Concluons
donc, que rien ne peut ſupléer le détaut
d'évidence dans les motifs qui nous portent
à croire une choſe comme véritable; & que
nôtre certitude n'eſt juſte & raiſonnable,
qu'autant qu'elle eſt proportionnée à la
force des preuves qui lui ſervent de fondemens.

En-effet, ſuppoſons-que les motifs
qui nous portent à croire une choſe comme
révélée de Dieu, n'aïent que deux degrés
d'évidence, & que nous en aïons quatre de
certitude, ces deux derniers dégrés de nôtre
certitude n'auroient aucun fondement. Ce
ne ſeroit pas une perſuaſion ſage & judi-
cieuſe, telle qu'eſt eſſentiellement la Foi,
mais une perſuaſion imprudente & digne
de blâme. Dans cette ſuppoſition, qu'eſt-
ce qu'un Fidele pourroit répondre a ceux
qui lui demanderoient raiſon de ces degrés
particuliers de certitude qu'il auroit en matiere de Foi, au-delà des degrés d'évidence
qu'ont les raiſons qui le portent à croire?
S'il ſoutenoit même qu'il fait bien de croire
& de ſe perſuader les Articles de la Foi
plus fortement, que les preuves qu'il a de
la Révélation n'ont d'évidence, n'expoſe-
roit-il pas la Religion à la raillerie des
Prophanes, & ne les confirmeroit-il pas
dans l'opinion où ils ſont que nôtre Foi eſt
une perſuaſion volontaire, c'eſt-à-dire, un
véritable entêtement?

Je demanderois encore volontiers, ſi l'on
eſt tenu, ou non, d'avoir ce degré de certitude

tude qui va au-de-là de ce que la force naturelle des raisons ou des motifs de credibilité demandent? Si l'on me repond
qu'on n'y est pas tenu, je repliquerai que
voilà donc une œuvre de surérogation, &
une Foi plus forte que celle que nous sommes obligés d'avoir. Si, au contraire, on
prétend que ce degré de certitude est nécessaire & d'obligation, je demanderai
quelle est la Loi qui nous y oblige? Est-ce
une Loi positive? Si cela est, il faut la produire, & je ne sai guéres où l'on pourroit
la trouver. Est-ce donc la Loi naturelle?
Mais, la Loi naturelle ne peut pas nous
obliger à nous persuader quoique Ce soit
plus fortement qu'il n'est prouvé. Car,
qu'est-ce que la Loi naturelle? ce n'est autre chose que la droite Raison : or, la droite
Raison consent aussi peu à ce que la certitude excéde l'évidence, qu'à ce qu'elle
demeure au dessous.

A i n s i, comme nous avons prouvé ci-
dessus dans le Corps de cet Ouvrage, que
les motifs de credibilité, ou les raisons qui
nous convainquent de la Révélation, n'ont
qu'une évidence morale; au lieu que les
Vérités naturelles, c'est-à-dire, celles qui
nous sont connuës clairement par la lumiere
de la Raison ou par le raport des Sens,
ont une évidence métaphisique ou du moins
phisique; il s'ensuit de-là que la certitude,
que nous avons des Vérités que la Foi enseigne, ne peut égaler, & par consequent
encore moins surpasser, la certitude des
Vérités naturelles. Car la certitude mo-

rale, quelque ferme & folide qu'elle foit en fon genre, le céde pourtant, de l'aveu de tout le monde, en force & en clarté à la certitude métaphifique & même à la certitude phifique.

Ajoutez à cela que le paffage de ces preuves à la conclufion qu'on en tire, *Donc une telle Doctrine eft revélée de Dieu,* eft fort délicat, & qu'il fouffre des difficultés; car, avant que d'admettre cette conclufion, il faut encore examiner fi la Doctrine, qu'on veut nous faire embraffer fur la foi de ces preuves, eft véritable ou fauffe, bonne ou mauvaife en elle - même. En effet, fuppofons qu'une Doctrine évidemment fauffe ou mauvaife fût confirmée par un miracle inconteftable, c'eft-à-dire, tel qu'il furpaffât toutes les forces de la Nature, & qu'on ne pût d'ailleurs l'attribuer à la tromperie ou à la fourberie des Hommes; il n'y auroit pas jufqu'aux Indiens ignorans qui ne fe récriaffent en pareil cas, que ce miracle eft opéré par un Dieu mauvais ou par le Diable. On fera peut-être tenté de nier la poffibilité d'un tel cas; mais voici une Autorité capable de fermer la bouche à bien des Gens. Au Chap. XIII. du Deut. Moïfe parle ainfi lui-même de la part de Dieu au Peuple d'Ifraël: *Quand il fe levera quelque Prophéte, ou quelque Songeur de Songes, qui vous mettra en avant quelque figne ou quelque miracle, & que ce figne ou ce miracle aviendra dont il vous aura parlé, difant: Allons après d'autres Dieux, lefquels tu n'as pas connus, & fervons-les; tu n'é-*

cou-

*couteras point les paroles de ce Prophéte-là,
ni de ce Songeur-là; car l'Eternel vôtre Dieu
vous éprouve pour savoir si vous l'aimez de
tout vôtre cœur.* Qui ne voit que ce Passage
du Deuter. suppose clairement que le cas
en question est très-possible? Il paroît aussi
par-là que le devoir des Hommes est d'éxaminer les miracles par la Doctrine de celui
qui les fait, & que les choses qui ne sont
pas bonnes d'elles mêmes ne peuvent être
recommandées par un miracle. Il faut
auparavant qu'elles soient reconnuës pour
véritables, justes, & bonnes d'elles-mêmes,
ou du moins pour n'être pas fausses ni mauvaises. Or, par où en jugerons-nous, si-
non par cette lumiere interieure que Dieu
nous a donnée pour discerner le vrai d'avec
le faux, le juste d'avec l'injuste, & pour nous
diriger dans toute la conduite de la vie?
Voilà la régle & mesure primitive que
nous devons suivre dans tous nos jugemens, & à laquelle nous devons comparer
les Doctrines particulieres que nous trouvons dans les Livres, ou que nous aprenons
de nos Maîtres & Précepteurs, pour nous
assûrer de leurs bonnes ou mauvaises qualités. Il s'ensuit de ce qu'on vient de dire
que nous ne pouvons être assûrés qu'une
Doctrine, quoique confirmée par un miracle, vient de Dieu, qu'autant que le Sens-
commun nous apprend que cette Doctrine
ne renferme rien qui soit indigne des Attributs de l'Etre suprême; puisque que ce
n'est que par-là que nous pouvons juger si
le miracle a été produit par un bon ou par

un

un mauvais Principe. Je crois que ceux, qui voudront bien peſer ceci, n'auront garde d'élever la certitude de la Foi au deſſus de celle de la Raiſon.

D'AILLEURS, il faut encore remarquer que la Révélation n'a pas le plus haut degré d'évidence ou de certitude morale, ainſi que nous l'avons fait voir dans le Chapitre V; & que, parmi les Livres Canoniques du Nouveau Teſtament, il s'en trouve quelques-uns dont l'autenticité n'eſt pas auſſi grande que celle des autres; parce que ces Livres n'ont pas été reçus d'abord par toutes les Egliſes d'un conſentement unanime, comme on l'a remarqué au Chap. VII. Il faut de plus obſerver, que nous n'avons pas autant de certitude de chaque Article particulier de nôtre Foi, que nous en avons de ces deux Vérités générales, ſavoir, que Dieu a parlé aux Hommes par le miniſtére de Jeſus - Chriſt & des Apôtres, & que l'Ecriture Sainte contient la parole de Dieu: car je ſuppoſe que nous ne ſommes certains que Dieu a révélé les Articles particuliers qui compoſent nôtre créance, que parce que nous les trouvons dans l'Ecrture. Or, ſans parler ici d'une prodigieuſe quantité de Variantes qui ſe trouvent dans les anciens Manuſcrits, il eſt bien certain que tout n'eſt pas également clair dans l'Ecriture. Il y a des Paſſages obſcurs, & ſur le ſens deſquels on conteſte. Il y en a d'autres qui paroiſſent aſſez clairs à la vérité, mais qui ſemblent être en oppoſition avec quelques autres, qui ne paroiſſent ni moins clairs, ni moins, formels que

les

les premiers; de sorte qu'on ne sait quelquefois comment les concilier ensemble.   De
plus, il y a de grandes disputes entre les
Théologiens des differentes Sectes sur le
sens de plusieurs de ces Passages; &, pour
dire franchement ce que j'en pense, je ne
crois pas qu'on puisse sans témérité porter
son jugement sur ces Controverses, ni décider qui a tort ou raison, à moins qu'on
ne soit bien au fait des raisons, qu'on allegue de part & d'autre.   Nous ne pouvons
donc sans témérité condamner ceux que
les Chefs de nôtre Parti nomment Hérétiques, sans lire nous-mêmes leurs Ouvrages.   On a beau dire, c'est une chose dont
on ne peut se dispenser en bonne justice;
car, que diriez-vous d'un Juge qui condamneroit un Homme sur le raport de sa
partie, sans l'avoir ouï lui-même dans ses
défenses?   Ne seroit-il pas un Juge inique,
quand même dans le fonds son jugement
seroit conforme à la vérité?   C'est une
vérité que les Païens eux-mêmes ont reconnuë.   Comment pourrions-nous par
consequent nous dispenser de cette Régle,
nous que Jesus-Christ a avertis de ne point
juger, afin que nous ne soïons point jugés?

QUELQUES bonnes gens pourront répliquer ici, qu'il n'est pas nécessaire de prendre autant de précautions dans l'Eglise que
dans les Tribunaux Civils; parce que les
Théologiens ont la conscience trop déli-
cate & trop tendre, pour déguiser ou affoi-
blir les raisons de leurs Adversaires.   Mais
il faudroit être de l'autre monde pour parler

ler de la forte. Il ne faut écouter que les
Théologiens eux-mêmes, pour être convaincu qu'il n'eſt pas ſûr de s'en raporter à
la bonne-foi des Théologiens. Car ne voit-
on pas tous les jours qu'ils ſe plaignent de
la mauvaiſe-foi de ceux avec qui ils diſputent, qu'ils ſe reprochent les uns aux autres
qu'on les fait parler contre leur penſée, &
qu'on leur impute des ſentimens horribles
& des conſéquences odieuſes, qu'ils déteſ-
tent autant, ou plus, que leurs Adverſaires
mêmes : & c'eſt, pour le dire en paſſant,
ce qui a donné une ſi grande averſion à la
plûpart du monde pour les Livres de Controverſes. Non ſeulement les Théologiens
des differentes Communions ſe font ces
ſortes de reproches; mais les Théologiens
d'un même Parti, lorſqu'ils viennent à ſe
diviſer ſur l'explication de quelque Dogme,
comme il arrive aſſez ſouvent, ne diſputent
pas avec moins d'aigreur que s'ils avoient à
faire aux Ennemis les plus déclarés de leur
Secte. Ce ne ſont que fauſſes imputations, que
citations tronquées, que réfléxions malignes,
ſi l'on s'en raporte aux plaintes, qui ſe font
de part & d'autre, & qui, pour dire la
vérité, ſont ordinairement aſſez bien fondées.

Q u e conclure de tout cela, ſi-non que
nous ne devons pas épouſer les querelles
des Théologiens, ni entreprendre de prononcer ſur leurs différens, à moins que nous
ne ſoïons bien & dûëment verſés dans la
matiére dont il eſt queſtion. Il n'y a aucun
peril à s'abſtenir de juger de ce qu'on n'entend point; mais on ne peut ſans crime

con.

condamner les sentimens d'une personne &
la personne même, (car en bonne Théologie ces deux choses vont toûjours ensemble,) si l'on n'en a des raisons solides & évidentes en leur genre. Agir autrement, c'est
visiblement s'exposer à la même peine qu'on
juge être dûë à ceux que l'on condamne
témérairement. C'est-à-dire, que, si nous
damnons quelqu'un pour des sentimens,
dont nous n'avons pû nous instruire suffisamment pour être en état d'en juger avec
une vraie connoissance de cause, nous devons craindre d'etre damnés nous-mêmes
pour avoir fait un tel jugement. La décla-
ration de Jesus - Christ est expresse là-dessus,
Matth. VIII: 12.

I M I T O N S donc plutôt la sage retenue
de ces Savans, également moderés, prudens
& équitables, lesquels, après avoir examiné ces Controverses avec toute l'attention
& l'exactitude possible, prennent enfin souvent
le parti de suspendre leur jugement sur ces
disputes ; soit qu'ils ne trouvent pas de raisons
suffisantes pour se déterminer, ni d'un côté,
ni de l'autre ; soit, parce qu'encore qu'ils
trouvent les raisons d'une des parties assez
fortes, ils voient néanmoins qu'elles sont
combatuës par d'autres argumens de la
partie adverse, qui ne leur paroissent pas
moins forts, & qui font un juste contre-
poids : ce qui les empêche de décider.

O N voit par tout ce que nous venons de
dire, que la certitude de nôtre Foi est très-
inégale par raport aux Articles particuliers
qui la composent, & que ceux d'entre ces

Arti-

Articles, qui font les plus certains, n'ont pourtant qu'une évidence morale, qui ne s'éleve pas jufqu'au plus haut degré. D'où nous concluërons encore une fois, qu'on ne peut pas dire que la certitude des Vérités, qu'enfeigne la Foi, furpaffe, ni même qu'elle égale, celle de plufieurs Vérités qui nous font connuës par la Raifon & par les Sens.

CHAPITRE XII.

Continuation du même fujet.

COMME la Thèfe que nous foutenons ici eft fort conteftée, je crois que nous ne ferons pas mal de nous y arrêter encore un peu, & d'ajoûter quelques nouvelles preuves à celles que nous avons déjà aportées pour l'établir. En voici une qui me paroît décifive. Si la certitude de la Foi étoit une certitude métaphifique, comme il le faudroit néceffairement fuppofer, afin qu'elle pût égaler celle d'un grand nombre de Vérités naturelles, il faudroit que le Fidéle jugeât que le contraire de ce qu'il croit eft métaphifiquement impoffible, c'eft-à-dire, qu'il implique contradiction que la chofe foit autrement qu'il ne croit; car, comme nous avons vû, c'eft en cela que confifte la certitude métaphifique. Mais comment le Fidéle pourroit-il former en foi-même un tel jugement? S'il le fait, ou il a quelques raifons fur lefquelles il fe

fon-

fondé pour juger de la sorte, ou il n'en a aucune. S'il n'en a aucune, c'est un pur caprice; car le caprice n'est autre chose qu'une persuasion, ou un jugement sans raisons. S'il a quelques raisons qui le portent à faire ce jugement, il faut que ce soient des raisons ordinaires & communes, ou quelques autres que nous ignorons. On ne peut pas dire que ce sont de raisons secretes & inconnuës, à moins qu'on ne donne dans l'Entousiasme & dans le Fanatisme; mais les Chrétiens les plus sensés n'admettent point de nouvelles Révélations, ni d'Inspirations immédiates, par raport aux Vérités de la Foi depuis le tems des Apôtres. On ne peut pas dire non plus que ce sont les raisons communes & ordinaires; car, comme on l'a vû, ces raisons n'ont d'autre évidence que la Morale : & des raisons moralement évidentes ne peuvent produire qu'une certitude morale, & non pas, métaphisique. Ainsi, qui conclûroit de ces raisons que le contraire est métaphisiquement impossible raisonneroit mal, & tireroit une fausse consequence. Sa certitude par consequent ne seroit point l'ouvrage du S. Esprit, elle ne pourroit être que l'effet des préjugés ou de l'entêtement de cet Homme.

Il faut dire la même chose à proportion de la Foi de tout Homme en qui l'on supposeroit une certitude plus grande des Vérités du Salut, que les motifs qui le portent à croire n'ont d'évidence. Car je demande si cette certitude a quelque chose

qui

qui la diftingue de l'entêtement que les
Hérétiques, que les Juifs, ou les Mahometans, font paroître pour leurs erreurs ?
Ce que je demande n'eft pas, fi la premiere
de ces perfuafions eft plus véritable que
l'autre. Il s'agit uniquement de favoir, fi,
pofé que ces deux perfuafions foient également fortes, l'Orthodoxe peut remarquer
dans la fienne, par les réfléxions qu'il y
fait, quelque-chofe qui lui perfuade qu'elle
eft raifonnable, & que celle de ces Errans
ne l'eft pas ? Si l'on me répond qu'il n'y
remarque rien de tel, je repliquerai qu'il
n'a donc point une certitude raifonnable &
bien fondée. Car enfin que peut-il oppofer
à cette Réflexion qu'il ne manquera pas de
faire ? *Il eft vrai que je fuis fortement per-*
fuadé de toutes les Vérités que je regarde
comme révélées de Dieu; mais il eft vrai
auffi qu'il y a tel Hérétique qui ne l'eft pas
moins de fes faux Dogmes, tel Juif qui n'eft
pas moins attaché aux rêveries de fon Tal-
muds, tel Mahometan aux vifions de fon Al-
coran. Cependant, quelque certains qu'ils
penfent être de toutes ces chofes, je ne doute
pas qu'ils ne fe trompent. Qui m'affûrera que
la même chofe ne m'arrive pas ? Il ne faut
que cette Réfléxion, ou ce retour d'efprit
fur une telle certitude, pour la détruire;
car enfin elle ne peut qu'y ajoûter la crainte
de fe tromper, qui n'eft pas moins oppofée à la certitude que la lumiére l'eft aux
ténébres.

S I l'on me dit au contraire, que cet Orthodoxe peut apercevoir dans fa certitude

quel-

quelque-chose qui ne se trouve point dans
celle de ces Errans, je demande ce que
c'est? Est-ce que la sienne est fondée sur
des motifs de crédibilité qui manquent à
celle des autres? Si on me fait cette re-
ponse, je n'ai garde de la rejetter; elle est
en effet très-bonne. Mais aussi elle m'accorde ce que je veux. Dans cette supposition, cet Orthodoxe n'est pas plus sûr que
sa persuasion est raisonnable & mieux fondée
que celle de ces Errans, qu'il ne l'est que
les motifs qui le determinent à croire sont
bons & solides; car, si on supposoit qu'ils
ne le sont point, il ne lui resteroit plus
rien pour se tirer du doute que j'ai indiqué.
Ainsi n'étant sûr que moralement de la solidité des motifs qui le déterminent à croire,
il ne peut être sûr que moralement de la
Vérité de ce qu'il croit.

Mais comme on suppose que sa persuasion est plus forte, que les motifs qui le
portent à croire n'ont d'évidence, je soutiens qu'à cet égard sa certitude n'est pas
raisonnable; car enfin, d'où pourroit venir
cette certitude plus grande que n'est l'évidence des motifs de crédibilité. Est-ce
de quelque éclat, de quelque lumiere, de
quelque douceur, de quelque impression
du S. Esprit, ou de quelqu'autre chose
semblable qui accompagne toûjours la Vérité, & jamais l'erreur? C'est aparemment
ce que l'on dira. Il faut donc voir s'il est
possible de s'en contenter.

Je remarque premierement, que tous ces
termes sont métaphoriques, qu'il seroit

 juste

jufte d'en emploïer de plus fimples & de plus clairs, puisqu'il s'agit d'une des plus délicates matiéres de la Théologie, & que l'efprit a encore affez de peine à comprendre lorfqu'elle eft propofée avec toute la fimplicité & la clarté poffible. Mais, fans nous arrêter à ceci,

JE dis en fecond lieu que l'Homme en queftion ne fe vantera de rien à cet égard, qu'un Chrétien d'une Secte toute oppofée ne fe vante de fentir auffi dans fon cœur, par raport à tous les Articles qui compofent fa créance. Et en effet, les Chrétiens des differentes Communions fe glorifient également de fentir ces impreffions du S. Efprit, & d'éprouver ces douceurs interieures à l'égard des chofes qui font les objets de leur Foi. C'eft ce qu'on peut voir dans les Ouvrages de dévotion qui font a l'ufage de chaque Parti. Ainfi, la queftion qu'on a propofée tout-à-l'heure revient d'elle-même ici, & rien n'eft plus naturel que de fe demander quelle certitude on a qu'on rencontre mieux que tous ces Gens-là dans le difcernement de ce caractére? Les voilà donc à deux de jeu, & felon les apparences auffi bien fondés l'un que l'autre; car je ne fai pas trop fi l'on nous pourroit affigner des marques certaines, & non équivoques, pour diftinguer en pareil cas ce qui eft un effet de la Grace, d'avec ce qui n'eft qu'un effet de nos préjugés & de nos préventions.

JE dis en troifieme lieu, que, fi la perfuafion de la Vérité, outre l'évidence des

preu-

preuves qui nous en convainquent, étoit
toûjours accompagnée de quelque-chose
qui la distinguât sensiblement de la persuasion de l'erreur, nous aurions ici un nouveau caractére de Vérité, du moins par
raport aux choses révélées, distinct de l'Ecriture, & dont l'usage seroit incomparable-
ment plus aisé que celui de cette grande
Régle de nôtre Foi. Dans cette supposition,
un Fidéle n'aura qu'à examiner si cette lumiere, cette douceur, ce goût intérieur,
ou telle autre chose qu'on voudra, accompagne son acquiescement à chaque Dogme
qu'il se persuade; car si le contraire arrivè,
comme il doit arriver infailliblement dans
cette hypothèse, il pourra s'affûrer par-là
si quelqu'un de ces Dogmes est faux, sans
se donner la peine d'entrer dans aucune dis-
cussion.

Rien ne seroit plus commode affûré-
ment, s'il étoit une fois bien certain qu'on
peut, sans craindre de se tromper, s'en fier
à ce témoignage intérieur. Chaque Fidéle
n'auroit en ce cas qu'à consulter ce qui se
passeroit dans son cœur, pour juger infailliblement des Controverses. Lorsqu'on lui
proposeroit un Dogme comme révélé de
Dieu, si ce Dogme avoit pour lui un certain attrait, il pourroit l'embraffer en toute
fûreté, au lieu qu'il seroit obligé de le rejetter, supposé qu'il ne sentît rien qui le
prevînt en sa faveur. Cependant, je ne
vois pas qu'on se soit jamais avisé de faire
usage de cette Régle, pour juger de ce qui
apartient ou n'apartient pas veritablement à

la Foi, ſi l'on en excepte un petit nombre
de ſoi-diſans Illuminés, qui ont paſſé pour
de vrais Fanatiques dans l'eſprit de tous les
autres Chrétiens. N'eſt-ce pas une marque
qu'on a toûjours crû, & que l'on croit encore, qu'il n'eſt pas ſûr de s'en raporter à
cet Oracle interieur, ſoit parce qu'il ne répond pas toujours lorſqu'on l'interroge, ſoit
parce que ſes réponſes ne ſont pas toûjours
juſtes?

MAIS, ſi la croïance commune n'eſt
pas favorable au ſentiment que je combats,
l'expérience ne lui paroît pas moins contraire. Par exemple, les anciens Vaudois,
qui ont été ſi long-tems la portion la plus
pure de l'Egliſe ſelon les Proteſtans,
croyoient de bonne-foi que le ſerment étoit
défendu en toute ſorte de cas; mais, il auroient pû ſortir aiſément d'erreur, en ré-
flechiſſant ſur ce qui ſe paſſoit en eux-mê-
me, & en conſultant leur goût interieur
là-deſſus. C'eſt ce qu'ils ne firent pourtant
pas; & une infinité de ces bonnes Gens
ſouffrirent le Martire pour ce Dogme comme pour les autres.

MAIS, il n'eſt pas néceſſaire de remonter
ſi haut pour trouver des exemples de ce que
je dis. Les Orthodoxes par-tout, c'eſt-à-
dire, les Gens de la même Communion,
ne ſont que trop partagés entre eux ſur divers Points de Doctrine, & ſur l'interprétation
des Paſſages de l'Ecriture qui regardent ces
Points controverſés. Par exemple, les Orthodoxes d'un Païs, où j'ai paſſé il n'y a
pas long-tems, ſont de différens ſentimens
entre

entre eux sur *la future Conversion des Juifs*, sur *le Regne de mille Ans*, sur *l'égalité de la Gloire des Bienheureux*, sur *la Grace univer-selle*, &c. Chacun allegue des Passages de l'Ecriture en faveur de son Opinion, & re-pond à ceux qu'oppose la partie adverse. Qu'on demande aux plus honnêtes Gens des deux partis, si la persuasion, qu'ils ont de la vérité du sentiment qu'ils embrassent sur ces Articles controversés, est accom-pagnée de quelque-chose qui la distingue sensiblement de celle qu'ils ont des autres Articles communs de leur Foi? Je suis sûr qu'ils répondront qu'ils n'y remarquent rien de particulier. Ce qu'ils diront tous, & ce qui est d'ailleurs très-conforme à ce que nous soutenons ici, c'est qu'ils sont plus ou moins fortement persuadés qu'une vérité est révélée, à proportion qu'elle pa-roit plus ou moins clairement contenuë dans l'Ecriture. Cependant le contraire devroit arriver, & arriveroit effectivement, si le sentiment que nous combatons étoit véritable. Dans cette hypothèse, on auroit une égale certitude de toutes les Vérités qui appartiennent véritablement à la Foi, parce que le S. Esprit les imprimeroit également dans le cœur, & accompagneroit cette im-pression, de cette lumiere & de cette dou-ceur dont on nous parle. Comme ceci est contraire à l'expérience, & que la certidu-de que nous avons des Dogmes particuliers est toujours proportionnée à la clarté véri-table ou apparente des Textes de l'Ecriture

K 4

qui

qui femblent les enfeigner, c'eft une nouvelle confirmation de la Vérité de ce que
nous avons déja dit plus d'une fois, favoir
que la certitude de la Foi, lorfqu'elle eft
raifonnable, ne s'éleve jamais plus haut que
ne va la force des raifons qui nous perfuadent que Dieu a révélé ce que nous croïons.

Enfin, pour mettre la Thèfe que nous
foutenons dans tout fon jour, ajoutons une
derniere Raifon qui la prouve invinciblement.
Cette Raifon eft que la certitude de la Foi
ne peut jamais être plus grande que celle
des Connoiffances claires que nous avons
par le moïen de la Raifon & des Sens ; parce que la Foi eft fondée fur ces Connoiffances, & qu'elle en fuppofe abfolument la
Vérité : de forte que fi ces Connoiffances
pouvoient fe trouver fauffes, la Foi feroit
privée de fon appui, & n'auroit plus aucune fermeté,

En effet, dans quelque Hypothèfe que
ce foit, il eft impoffible d'imaginer aucun
Acte de Foi, qui ne dépende d'un grand
nombre de Vérités naturelles, c'eft-à-dire,
qui ne font connuës que par la lumiere de
la Raifon ou par le témoignage des Sens.
Par exemple, lorfque Jefus-Chrift difoit
quelque-chofe à fes Apôtres, & qu'ils le
croïoient, cet Acte de Foi fuppofoit toujours ces Vérités ; que celui qu'ils voïoient
étoit Jefus-Chrift, qu'il leur parloit, que
le fon de fa voix frapoit leurs oreilles,
qu'il prononçoit telles ou telles paroles, que
ces paroles avoient tel ou tel fens, &c.

Lorf-

Lorsqu'aujourd'hui nous lisons quelque-chose dans l'Ecriture, & que nous en sommes persuadés, cette persuasion dépend avant toutes choses de ces vérités; que nous avons un Livre devant les yeux, que ce Livre est celui qu'on apelle l'Ecriture Sainte, qu'il contient véritablement les paroles que nous croïons lire, que ces paroles ont tel ou tel sens, &c. Je dis à proportion la même chose de la Foi de l'Eglise Romaine. Lorsque l'on croit dans son sein quelque-chose qu'on trouve, par exemple, dans le Concile de Trente, la persuasion qu'on en a dépend, pour être certaine, de la Vérité de ces connoissances; qu'on a un Livre devant les yeux, que ce Livre contient les Décrets du Concile de Trente, qu'il y a dans l'un des Décrèts telles ou telles paroles, que ces paroles signifient telle ou telle chose, &c. Ces Exemples démontrent avec la derniere évidence que la Foi suppose nécessairement la Vérité d'un grand nombre de Connoissances naturelles; d'où il résulte invinciblement, que ce que nous croïons par la Foi ne peut être plus certain, que ce que nous connoissons clairement par la Raison ou par les Sens.

CHAPITRE XIII.

Réfutation d'un Paralogisme ou faux raisonnement de quelques Théologiens.

PENDANT que je suis sur cette matiere, il me semble qu'il ne sera pas hors de propos de refuter un certain raisonnement que plusieurs Théologiens ont ordinairement à la bouche. Il frappe d'abord extrémement, & il est fort propre à éblouir ceux qui ne sont pas sur leurs gardes ; mais, quand on l'examine un peu de plus près, on trouve qu'il n'a aucune solidité. Voici en quoi il consiste. *Les Vérités que la Foi enseigne*, nous dit-on avec une dévote gravité, *doivent toûjours l'emporter dans notre esprit, sur les Vérités les plus évidentes que nous connoissons par la Raison. Et c'est la Raison même qui le veut ainsi ; car, elle nous aprend qu'il faut toûjours préférer ce qui est le plus certain à ce qui l'est moins : or il est plus certain*, ajoute-t-on, *que ce que Dieu dit est véritable, que tout ce que notre Raison nous persuade.*

CE raisonnement, quelque devot, quelque beau, quelque véritable même, qu'il paroisse à une premiére vûë, n'est pourtant qu'un paralogisme. Il est aisé d'y remarquer plusieurs défauts ; les deux suivants sont les principaux que nous y trouvons.

I. IL est faux que nous soïons plus certains de la Vérité de ce que Dieu dit, que

de tout ce que notre Raiſon nous perſuade;
car, je vous prie, n'eſt-ce pas notre Raiſon
qui nous perſuade la Vérité de cette Propoſition, *Ce que Dieu dit eſt véritable* ? Et
cette Vérité eſt-elle plus certaine que celle-
ci, que la Raiſon nous perſuade auſſi, ſavoir, qu'*Il y a un Dieu* ? Je demande de
plus, ſi ces deux Vérités ſont plus certaines
que ces premiers principes, dont la Raiſon
nous perſuade encore la vérité : *Le tout eſt
plus grand que ſa partie , il eſt impoſſible
qu'une choſe ſoit & ne ſoit pas en même tems* ?
Qui oſeroit jamais rien dire de ſemblable ?
Car ces deux Propoſitions, *Il y a un Dieu,
Tout ce qu'il dit eſt véritable* , ſe démontrent
par le raiſonnement ; au lieu que les deux
Axiomes métaphiſiques, qu'on vient de ci-
ter, ſont évidens par eux-mêmes, & ſervent de baſes & de fondemens aux raiſonnemens les plus clairs & les plus certains. De
ſorte que , ſi ces Axiomes pouvoient être
faux , il ſeroit inutile de raiſonner : on ne
pourroit jamais rien démontrer , ni rien
conclure de certain par le raiſonnement.

On peut encore prouver d'une autre maniére la fauſſeté de cette Propoſition : *Nous
ſommes plus certains de la vérité de ce que
Dieu dit, que de tout ce que la Raiſon nous
perſuade.* En effet, on ne peut conteſter
deux choſes ; la prémiere, que les Vérités, que la Raiſon nous perſuade évidemment, ne ſoient les objets de la connoiſſance de Dieu, qu'il ne les ſache, ne les voïe,
& ne les pénétre ; l'autre, qu'il ne ſoit auſſi
impoſſible que Dieu ſe trompe dans ce qu'il

ſait

fait & ce qu'il voit, que dans ce qu'il dit. Il est donc visible, que les Vérités de la Religion n'ont à cet égard aucun avantage sur les autres Vérités, quelles qu'elles soient; & par conséquent que la pensée dont il est question est beaucoup plus spécieuse qu'elle n'est solide.

Mais II. Le plus grand défaut du raisonnement, que nous examinons, consiste en ce que ceux qui le font supposent que chaque Acte de Foi est aussi certain que cette Vérité capitale : *Tout ce que Dieu dit est véritable :* mais c'est une supposition absolument fausse & insoutenable ; car ceux qui la font devroient se souvenir que la Certitude de notre Foi dépend encore de la Certitude que nous avons de la Révélation; car tout Acte de Foi se réduit naturellement à ce Syllogisme : *Tout ce que Dieu dit est véritable : il a dit telle ou telle chose; donc telle ou telle chose est véritable.* Par où l'on voit que pour être en état de faire un Acte de Foi Théologique, il ne suffit pas de savoir que tout ce que Dieu dit est véritable, il faut aussi être certain qu'il a dit ce que nous croïons; sans quoi notre Foi ne seroit qu'une persuasion téméraire.

On accorde donc très-volontiers que la prémiere des Propositions, qui composent le raisonnement ou syllogisme qu'on vient de voir, est des plus certaines & des plus évidentes. Toute la Terre en convient. Mais, de quoi sert-il que la premiere Proposition ou la *majeure* d'un argument ait toute l'évidence & la Certitude possible, si

la ſeconde Propoſition ou la *mineure* , comme on l'apelle en termes de l'art , en a
beaucoup moins ? N'eſt-ce pas un Axiome
reçu, que la Certitude de la concluſion
n'excéde jamais celle de la moins certaine
de ſes prémiſſes , c'eſt à-dire , des Propoſitions qui la precedent , & dont on la tire.
Or, qui oſeroit ſoutenir que la mineure du
ſyllogiſme raporté ci - deſſus , qui ſert de
fondement à tout Acte de Foi , ſoit auſſi
certaine & auſſi évidente que la majeure ?
Eſt-il auſſi certain que Dieu a révélé tel &
tel Dogme , qu'il l'eſt que tout ce que
Dieu dit eſt véritable ?

L a premiere de ces Propoſitions eſt é-
vidente & univerſellement reçuë. Tout le
monde en convient. Non ſeulement toutes les Societes Chrétiennes, mais encore
les Juiſs, les Mahometans , les Payens, l'a-
vouënt. Les Athées même & les Déiſtes
l'admettroient, ſi les premiers convenoient
qu'il y a un Dieu , & ſi les ſeconds recon-
noiſſoient qu'il ſe fût manifeſté aux Hommes par la Révélation. En un mot, il n'y
a perſonne qui n'avouë très-volontiers , que,
s'il y a un Dieu, & qu'il ait parlé aux
hommes , il ne leur aura ſans doute rien dit
qui ne ſoit très-vrai.

M a i s , pour la ſeconde Propoſition de
l'argument en queſtion, ſcavoir, que *Dieu*
a révélé telle ou telle choſe aux hommes,
cette aſſertion, dis-je, eſt conteſtée par les
Athées , par les Déiſtes , par les Payens ,
par les Mahométans, par les Juiſs, & par
divers Hérétiques. Il eſt vrai qu'on leur

prou-

prouve la réalité de cette Révélation. Mais combien ne faut-il pas faire de raisonne-mens, combien ne faut-il pas établir de Proposition, & renverser de Réponses, avant que de pouvoir en venir à bout? Encore est-il rare qu'on réüssisse, je ne dirai pas à persuader un Adversaire, mais même à lui fermer absolument la bouche, s'il entend un peu la matiére & l'art de disputer.

POUR donc raisonner juste, il ne faudroit pas comparer la certitude des actes de la Raison avec cette premiere proposition du syllogisme en question: *tout ce que Dieu dit est véritable*; car, c'est la Raison qui nous en fait connoître la Vérité: mais il faudroit la comparer avec la Certitude que nous avons de la Révélation. Il faudroit dire, qu'il est plus certain que Dieu a revélé chaque Dogme particulier qui entre dans notre Confession de Foi, qu'il ne l'est que la Raison ne nous trompe pas dans ce qu'elle nous persuade le plus fortement; comme, par exemple, lorsqu'elle nous apprend que deux & deux sont égaux à quatre. Mais, si on s'expliquoit de la sorte, la foiblesse du raisonnement seroit plus sensible qu'on ne voudroit: il ne pourroit plus alors en imposer à persoune.

IL faudroit en second lieu s'expliquer avec un peu plus de précision sur le sujet de la Raison-même. Quels actes de la Raison met-on au dessous de ceux de la Foi? Sont-ce seulement quelques-uns, ou tous sans exception? Si on ne parle que de quelques-uns, on ne gagne rien.

Il se pourra faire, que, s'il y a des actes
de nôtre Raison plus incertains que ceux
de la Foi, il y en aura d'autres qui le seront moins. Ainsi, il restera à examiner de
quel ordre sont ceux qu'on nous oppose;
& c'est sur quoi il y aura des difficultés.

Si l'on vient à disputer, par exemple,
sur la Création, un Athée, un Déïste, &
même un Socinien, soutiendra, qu'il est plus
évident que de rien il ne se fait rien, qu'il
ne l'est que Dieu ait révélé qu'il a tiré le
Monde d'un pur néant; & il ne sera pas aisé de
le convaincre du contraire, ni par consequent de le faire revenir de son sentiment.
Au contraire, il prétendra qu'il y doit per-
sister, selon la maxime qu'ont allegué ceux-
là même contre qui il dispute; savoir, qu'il
faut préférer le plus certain à ce qui l'est
moins.

Si l'on soutient au contraire que tout
acte de Foi a plus de certitude que quelqu'acte de Raison que ce puisse-être, je
demanderai s'il en a plus que celui qui
nous assûre qu'il y a un Dieu; que celui
qui dit qu'il est impossible qu'une chose
soit & ne soit pas en même tems; que celui qui reçonnoit que tout ce qui est évident est vrai, ou qu'on peut affirmer d'une
chose tout ce qui est manifestement renfermé dans l'idée claire & distincte qu'on
en a, &c? Si l'on prétend que les actes de
la Foi sont plus certains que tous ces Principes, on s'exposera à la risée de toute la
Terre. Et nous avons déjà fait voir au
commencement de ce Chapitre pourquoi

on fe moqueroit avec juftice de quiconque,
oferoit avancer une pareille chofe. Si on
avoue, d'un autre côté, que ces actes de
la Raifon l'emportent en certitude fur
tous les actes de la Foi, on conviendra
en même tems par-là qu'on a eu tort de
faire un raifonnement tel que celui qu'on
a vû au commencement de ce Chapitre.

SUR quoi nous remarquerons encore
que la grande fource de l'illufion que bien
des Gens fe font fur ce fujet, c'eft qu'ils
regardent la Certitude de la Foi & celle de
la Raifon comme deux Certitudes collate-
rales & indépendantes l'une de l'autre. Sur
ce fondement, ils croïent qu'on peut les
comparer enfemble, & demander quelle eft
la plus grande? Mais, ils ne prennent point
garde que la Certitude de la Foi eft fondée
fur celle de la Raifon, qu'elle lui eft fub-
ordonnée: de forte que, fi on fuppofe que
la Raifon peut fe tromper dans fes connoiffances les plus claires, on fappe la Foi
par fes fondemens, & on en renverfe
toute la Certitude, comme je l'ai fait voir
avec la derniere évidence dans le Chapitre
qui précéde immediatement celui-ci.

EN EFFET, fi la Raifon peut nous
tromper en ce qu'elle nous apprend le plus
clairement, nous pouvons nous être trompés en nous perfuadant qu'il y a un Dieu,
que ce Dieu ne dit rien que de vrai, qu'il
a parlé aux Hommes, que fa Parole eft
contenue dans le Livre que nous appellons l'Ecriture, que certaines paroles que
nous lifons dans ce Livre fignifient telles

ou

où telles choſes &c. Car ce ſont-là tout autant d'actes de la Raiſon qui doivent précéder la Foi ; &, s'ils ſont incertains, la Foi ne ſauroit avoir la moindre ombre de Certitude.

Je crois qu'en voilà autant ou plus qu'il n'en faut pour faire voir la foibleſſe du raiſonnement que nous avons entrepris de réfuter en ce Chapitre. Je ne penſe pas que perſonne puiſſe nier à préſent, que ce ne ſoit un paralogiſme des plus formels. Il faut l'avouër cependant, ce raiſonnement eſt ſpécieux. Rien n'eſt plus capable d'en impoſer à une premiére vûë. Cet exemple peut ſervir d'une nouvelle preuve pour montrer la néceſſité qu'il y a d'examiner & d'aprofondir un peu ce qu'on nous dit, avant que de nous y rendre & que de l'embraſſer comme vrai ; parce que ſans cela nous nous expoſerons ſouvent au danger d'être trompés, & de tomber dans l'erreur ſur les matieres même les plus de conſéquence.

CHAPITRE XIV.

Conſéquences qu'on doit tirer des Principes établis dans les trois derniers Chapitres.

NOUS avons montré dans le Corps de cet Ouvrage, que les motifs de crédibilité, c'eſt-à-dire, les preuves qui juſtifient que c'eſt Dieu qui a révélé ce que nous croions, n'ont qu'une évidence

mo-

morale, qui ne s'éleve pas même jufqu'au plus haut degré. Nous venons auffi de prouver clairement dans les trois Chapitres immédiatement précédens, que ces preuves fuppofent plufieurs Vérités connuës par la Raifon & par les Sens : de forte que fi les connoiffances, qui nous viennent par ces deux voïes, étoient incertaines, les preuves de la Révélation n'auroient plus aucune folidité, & par conféquent tout l'édifice de la Foi crouleroit néceffairement & tomberoit par terre.

Or, ces principes fuppofés comme certains, il eft aifé d'en tirer plufieurs conféquences qui me paroiffent fort importantes. La premiére eft, qu'il étoit impoffible que Dieu nous ordonnât de croire aucun Dogme qui parût évidemment faux, foit à la Raifon, foit aux Sens, du moins après que nous aurions pris les précautions, & obfervé les régles, que les Sages prefcrivent pour éviter de tomber dans l'erreur. Cette premiére conféquence devant fervir elle-même de bafe & de fondement à plufieurs autres, que nous en tirerons dans la fuite, il s'agit prefentement de la bien établir; & heureufement c'eft, ce qui n'eft pas difficile.

En effet, fi Dieu nous révéloit un Dogme, qui parût évidemment faux à la Raifon ou aux Sens, il arriveroit de deux chofes l'une: ou ce Dogme feroit auffi faux qu'il le paroîtroit; ou paroiffant abfolument faux, il ne laifferoit pas d'être vrai.

Je

Je crois que tout le monde conviendra que le premier cas est impossible; car la Véracité est un Attribut essentiel à l'Etre souverainement parfait; or rien n'est plus directement opposé a la Véracité que d'attester comme véritable une chose fausse: on ne peut donc, sans une horrible impiété & sans blasphème, rien attribuer de pareil à Dieu.

On ne peut pas soutenir non plus que le second cas soit possible, à Moins que de vouloir bannir la Certitude du Monde, & établir un Pyrrhonisme universel. En effet, toute la Dispute qu'il y a entre les Pyrrhoniens & les Dogmatistes se réduit uniquement à savoir, si l'évidence est le caractére certain & infaillible de la vérité. Les Dogmatistes l'assûrent, & les Pyrrhoniens le nient. Ces derniers soutiennent que la vérité n'a aucun caractére, qui la distingue de la fausseté; que l'évidence peut nous tromper & nous jetter dans l'erreur; qu'ainsi on ne peut compter sur ce caractére, ni sur aucun autre. Les Dogmatistes prétendent au contraire que la vérité a des caractéres certains & infaillibles qui la font connoître, & qui la distinguent de l'erreur; & ces caractéres se réduisent tous à l'évidence. Par conséquent, dire que l'évidence peut nous tromper, c'est donner gain de cause aux Pyrrhoniens, & ruïner sans reserve la Certitude. C'est pourtant le dire, que de soutenir qu'il peut y avoir des Dogmes, qui ne laissent pas d'être véritables, quoiqu'ils paroissent évidemment

faux

faux à la raiſon, même après qu'elle les
a examinés avec toute l'exactitude poſſible.
C'eſt aſſocier la fauſſeté & l'évidence, &
par conſequent faire de l'évidence un caractére trompeur, qui pourra ſe trouver également joint à la vérité & à la fauſſeté.

OR, cela une fois poſé, qui ne voit
que ce ſeroit fort vainement qu'on s'amu-
ſeroit à raiſonner ſur quoi que ce ſoit, ou
à chercher des preuves pour établir ce
qu'on veut perſuader aux autres? Quelques
convaincantes qu'elles puſſent être, l'ad-
verſaire auroit toujours une réponſe toute
prête pour les éluder. Il n'auroit qu'à dire:
*Il eſt vrai que vos preuves ſont évidentes;
mais, qu'importe? Quelque évidentes qu'elles
ſoient, elles peuvent être fauſſes; car, l'évidence n'eſt pas la marque certaine de la
vérité. Ainſi, ce ſeroit agir imprudemment
que d'y déférer.*

EN particulier, il ſeroit fort inutile de
travailler à prouver la Vérité de la Religion Chrétienne. Les Infideles & les Incrédules n'auroient qu'à faire la réponſe
qu'on vient de voir, pour renverſer tout le
travail de ceux qui leur auroient aporté les
preuves les plus convaincantes de la Vérité du Chriſtianiſme. Dans cette hypothèſe, les motifs de crédibilité n'auroient
plus aucune force; de quoi ſerviroit-il donc
de les alleguer? Pourroient-ils nous donner quelque Certitude? Et par conſequent
n'y auroit-il pas de la témérité à croire?
Car doit-on ſe perſuader d'une choſe qui
n'eſt prouvée que par des raiſons qui peuvent

vent être aussi bien fausses que vraies? Peut-on nier qu'une vérité mal prouvée eit aussi incertaine, qu'une autre qui ne le feroit point du tout? Ne faut-il pas convenir que ce n'est point prouver, que de prouver mal? Si donc il y a de la témérité à se persuader une vérité non prouvée, il n'y en a pas moins à s'en persuader une qui n'est prouvée que par de mauvaises raisons. Or, quelle bonne raison peut-on avoir de se persuader quoi que ce soit comme une vérité indubitable, si l'évidence n'est pas un caractére certain de vérité?

MAIS je veux que cette hypothèse laisse aux motifs de crédibilité, ou aux preuves de la Religion, toute l'évidence & toute la Certitude qu'elles ont naturellement, ne la perdroient-elles point par une autre voïe? Car, n'est-il pas vrai qu'une moindre évidence s'évanouït lorsqu'elle est combatuë par une plus grande? Ou plûtôt, n'est-il pas vrai que c'est ce qui arriveroit, si le cas étoit possible? car je ne conviens pas qu'il le soit. Mais supposons la chose pour un moment. Figurons-nous que Dieu nous a révélé un Dogme dont la fausseté paroisse d'une évidence métaphisique, c'est-à-dire, qui paroisse évidemment contradictoire. De quoi servira-t-il de prouver par des raisons, qui n'ont qu'une évidence morale, que Dieu a révélé ce Dogme? Ne sera-t-il pas plus évident que ce Dogme est faux, & par conséquent que Dieu ne l'a point révélé? D'un autre côté,

dira-

dira - t - on qu'un Dogme évidemment faux est évidemment croïable ?   N'y auroit - il pas de la Contradiction à le dire ? On ne pourroit donc fans témérité croire un tel Dogme en pareil cas ; puifque bien loin de paroître évidemment croïable, il paroîtroit évidemment incroïable.   D'où nous conclûrons qu'il étoit impoffible que Dieu nous révélât rien qui fût directement opofé, foit aux Lumieres de la Raifon, foit au raport conftant & unanime des Sens.

MAIS, cela étant, ne devons-nous pas tenir pour certain, que Dieu n'a jamais révélé le Dogme de la Tranfubftantiation qui eft fi manifeftement oppofé à ces lumieres, & à ce raport ? Dogme le plus abfurde & le plus monftrueux qui fût jamais, & qui fait pourtant le principal objet de la Foi & du Culte d'une grande Societé Chrétienne :   Dogme, qu'elle regarde, ou du moins que fes Conducteurs veulent qu'on regarde, comme l'Ame de la Religion, & pour la croïance duquel ils ont fait répandre des torrens de Sang Chrétien. Il eft certain, que quand on confidere toutes ces chofes, on ne fait fi on dort, ou fi on veille. Nous parle-t-on férieufement, ou veut-on nous faire illufion & nous renverfer l'efprit, lorsque l'on prétend nous faire recevoir, foit de gré, ou de force, un tel Dogme comme un des plus importans & des plus néceffaires Articles de la Foi Chrétienne ? N'eft - ce pas propofer comme une Vérité divine l'Opinion la plus bizarre & la plus chimérique, le Chaös le plus ténébreux

breux & le plus rempli de Contradictions qu'on puisse imaginer ?

J'y vois confondre ou plûtôt renverser toutes les idées que nous avons de Pain, de Chair, de Sang, de Personne, d'Humanité, de Divinité, de Corps & d'Esprit, de Nourriture corporelle, & de Nourriture spirituelle ; celles de Miracle, de Mistére, de Religion, de Consécration, de Sacrement, de Sacrifice, de Foi, & de Culte religieux.

J'y vois de même renverser toutes les Idées que nous avons de Réalité & d'Apparence ; de Substances & d'Accidens, ou de Modes ; d'Identité & de Distinction ; de Possibilité & de Contradiction ; de Fin & de Moïen ; de Tout & de Partie ; d'Unité & de Multiplication ; d'Espace & de Lieu ; d'Etenduë & de Pénétration ; de Mouvement & de Repos ; de Changement, de Production, de Corruption, de Vie, & de Mort, &c. En un mot, si ce Dogme étoit véritable, il n'y auroit plus rien de certain, ni dans la Nature, ni dans la Religion. On ne pourroit s'assûrer de rien, ni par les Sens, ni par la Raison, non pas même de la vérité des premiers Principes. Ce Dogme établiroit donc un parfait Pyrrhonisme, & par conséquent il se détruiroit lui-même.

Le Catholique répond à tout cela, que son Dogme est un Mistére de Foi, auquel il faut se soûmettre sans raisonner. Mais encore ne faut-il pas du moins que je sache si Dieu l'a révélé, ou non ? C'est ce qu'il

L 4

n'osera

n'osera pas nier sans doute. Qu'il me prouve donc, que son Dogme est un Article de la Révélation Divine. Il ne manquera pas de m'allegner que Jesus-Christ a dit en instituänt l'Eucharistie : *Ceci est mon Corps.* Mais, je l'arrête dès le premier pas. Il s'agit entre nous de savoir quel est le sens des Paroles de Jesus-Christ, & je lui demande d'abord à quoi Jesus-Christ faisoit allusion, lorsqu'il prononçoit le mot, *ceci*? C'étoit sans doute à ce qu'il tenoit entre les mains, c'est-à-dire, au Pain. Cette Proposition donc, *ceci est mon Corps*, revient à celle-ci, *ce Pain est mon Corps.* Or, n'est-il pas évident que dans cette derniere Proposition il faut nécessairement admettre une figure, le pain ne pouvant être tout à la fois & réellement pain, & réellement un corps humain. Il faut donc absolument donner un sens figuré à cette Proposition, de même que cela se pratique à l'égard de celles-ci : *La Pierre étoit Christ. La Pâque est le passage du Seigneur.* La necessité d'expliquer cette Proposition dans un sens de figure, se fait sentir encore bien davantage, lorsque l'on fait attention qu'il s'agit de l'Institution d'un Sacrement, que c'est un signe & un mémorial que Jesus-Christ nous a laissé pour nous souvenir de sa mort.

Mais, nôtre Catholique ne pourra sans doute souffrir tous ces raisonnemens. Il voudra que je reçoîve aveuglément le sens qu'il donne à ces Paroles, ou plutôt que je me soûmette à tout ce qu'il lui plaît de me prescrire comme devant être l'objet de ma croïance. Et moi, je lui répons, que pour m'empêcher de ſuivre la Raiſon & les régles de la Logique, en interprétant quelque endroit que ce ſoit de l'Ecriture, il faudroit me produire des défenſes expreſſes de la part de Dieu d'en uſer ainſi, ou une exception particuliere & formelle qui déroge en tel cas aux régles de la droite Raiſon.

En effet, comme dans ce qui regarde les mœurs, pour nous detourner de ſuivre nos paſſions, l'Ecriture nous dit : *Ne ſui-vez point les deſirs de la Chair, Ne vous conformez pas au preſent Siécle*, il faudroit auſſi, pour nous empêcher de ſuivre les régles & les lumiéres de la Raiſon, nous montrer dans l'Ecriture une défenſe formelle de les ſuivre, ou en tout, ou en partie, à l'égard de la Connoiſſance & des Dogmes. Or, il n'y a dans l'Ecriture, ni régle, ni exception, de cette ſorte, qui déroge à la Raiſon en aucun cas, ni par conſequent par raport au Dogme de la Tranſſubſtantiation.

La Foi n'a pas pour objet les choſes impoſſibles & incroïables. Pour faire donc que je croïe une choſe, il faut qu'elle n'implique point de Contradiction avec ce que je ſai certainement & évidemment. Ainſi, le Miſtere de la Tranſſubſtantiation me paroiſſant incompatible avec toutes les idées claires que j'ai des choſes, il ne peut être en aucune maniere l'objet de ma Foi.

C'est en vain que mon Catholique voudra recourir ici à la Toute-Puiſſance de Dieu pour tâcher de juſtifier ſon ſentiment. Je

L 5

lui

lui répondrai, que c'eſt mal connoître la Toute-Puiſſance de Dieu que de l'étendre à des choſes contradictoires; parce que ces choſes ſont des purs néants, & que, quand elles pourroient être les objets de la Toute-Puiſſance de Dieu, ſa Sageſſe & ſa Bonté ne lui permettroient pas de faire de ces ſortes de miracles ſi contraires à la Certitude de nos notions. Il nous ôteroit par-là tout l'uſage de notre Raiſon, ſans laquelle nous ne pouvons, ni le connoître dans les œuvres de la Création, ni profiter des lumiéres de la Révélation.

Il faut l'avouër cependant à la honte du Genre humain, le merveilleux, le paradoxe, eſt du goût de la plûpart des Hommes, ſur-tout en matiere de Religion. Les Dogmes les plus abſurdes, les plus oppoſés à la Raiſon, ſont ceux dont ils s'entêtent le plus, & pour la defenſe deſquels ils témoignent le plus grand zéle, lorſqu'on a l'adreſſe de les leur faire enviſager comme des Miſteres de Religion, comme des Vérités céleſtes & fort importantes pour le ſalut. Ce foible du crédule Vulgaire n'eſt pas inconnu aux Tranſſubſtantiateurs. Ils ſavent très-bien faire uſage de cette machine pour exciter le zéle amer, ou plutôt l'aveugle fureur du peuple. C'eſt ce que les Proteſtans n'ont que trop de fois éprouvé. Qui pourroit s'empêcher de s'écrier ici:

Tantum *Religio potuit ſuadere malorum*? Hélas! pourquoi faut-il que le Manteau ſacré de la Religion ſerve à couvrir & à fomenter de ſi grands Abus? Ceux, qui enten-

entendent si bien à parer les Dogmes les
plus abfurdes du titre pompeux de Misteres
divins & ineffables, ne devroient-ils pas faire attention, que le mot de Miftere eft fouvent un refuge propre à voiler & à defendre les plus grandes Abfurdités ; & que parmi les Payens, d'où il nous eft venu, c'é-
toit un azile de l'ignorance, & un manteau
de l'avarice & de la fourberie des Prêtres,
qui ont donné aux autres l'exemple de remplir de Mifteres la Religion, donnant par-là
un faux brillant à leurs Fonctions, quand ils
ne pouvoient pas leur concilier de l'honneur
par les qualités effentielles à leur Miniftére.

LE prétendu Sens litteral, que l'Eglife
Romaine donne aux paroles de l'Inftitution
de l'Euchariftie, étant évidemment faux
à caufe des Abfurdités & des Contradictions
fans nombre qu'il renferme, on me demandera quelle peut donc être la Foi d'un Catholique-Romain fur un tel Dogme, & fi
on peut croire des Propofitions contradictoires ? Je répons à cela, qu'on peut fort bien
recevoir des Propofitions contradictoires, les embraffer comme vraies, lorfqu'on ne fe forme point d'idées diftinctes
de la fignification des termes, ni du raport,
qu'ils ont entre eux. Or, c'eft ce qui arrive
ici. La croïance d'un Catholique-Romain
fur la Tranffubftantiation ne confifte qu'en
un affemblage de mots & d'idées confufes
de corps de Chrift & de pain. Il embraffe
tout cela fans examen, & fur la foi publi-
que, & pour avoir fouvent oüi dire que ce
fens litteral eft véritable. Cette confufion
d'idées

d'idées eſt entretenuë & fortifiée, 1, par le
concours d'autres idées non moins confu-
ſes qu'il a dans la tête, comme, par exemple, d'*Egliſe*, *de Tradition*, *de Foi*, *de Religion*, *de Sacrifice*, *de Miſtere*, *de Miracles*, &c. 2. l'équivoque du mot, *eſt*, lequel dans l'uſage univerſel du langage ſignifie tantôt identité & tantôt reſſemblance,
ſelon la nature des objets que ce mot lie
enſemble. Il n'eſt donc pas étonnant, qu'ils
s'imaginent avoir quelque Foi là-deſſus,
quoiqu'ils ne puiſſent ſe former aucune idée
diſtincte de ce qu'ils prétendent croire.

M ais, on peut dire que la Foi de tél-
les Gens doit être regardée comme le fruit,
non pas de leur jugement, de leur réflexion, de leur examen, mais de leur mémoire, de leur imagination, de leur prévention. C'eſt une ſorte de Foi, qui conſiſte plus à croire que l'on croit, qu'à croire véritablement; deux choſes auſſi differentes que ſavoir, & croire que l'on ſait.
Il eſt autant inpoſſible de croire le contraire
de ce qu'on voit par la Raiſon, que de croire
que l'on ne voit pas ce que l'on voit effectivement devant ſoi, en plein jour, &
de ſes propres yeux; ou que de croire que
l'on voit ce que l'on ne voit pas, après a-
voir regardé avec toute l'attention & la cir-
conſpection poſſible.

C e n'eſt donc qu'une Autorité mal-en-
tenduë, qui fait retenir & prononcer comme vraie une Propoſition contradictoire,
à laquelle on n'a pas fait d'attention, &
dont

dont on ne comprend pas bien le sens. Mais un homme attentif, qui sait ce que signifient ces Propositions, n'y consentira jamais en lui-même, quelque effort qu'il fasse, & quand même, par impossible, Dieu lui ordonneroit d'y consentir. Je dis, par impossible ; car, il n'y auroit rien de certain, comme nous avons dit, si Dieu ordonnoit de croire ce qui paroît évidemment faux, & s'il défendoit de croire ce qui paroît évidemment vrai. Et quand même des Propositions contradictoires pourroient être l'objet de notre Consentement & de notre Foi, la sagesse & la bonté de Dieu ne lui permettroient pas de nous ordonner de les croire ; & cela, pour les raisons que nous avons déja marquées. Car enfin, admettre qu'une chose peut être autrement que nous ne la voïons, ou tâtons, ou connoissons, c'est détruire toute la Certitude de nos Connoissances, & entre autres celle que nous avons, & que les Apôtres ont euë, de la Doctrine des Miracles, & de la Résurrection de Jesus-Christ : Destruction, qui entraine nécessairement après soi celle de la Religion Chrétienne.

CHAPITRE XV.

*Que l'Ecriture ne peut rien enseigner qui soit
contraire aux Lumieres de la Raison, ni
au raport des Sens. Usage de la
Raison dans l'Interprétation de
l'Ecriture Sainte.*

VOICI une autre Conséquence, qui
découle encore nécessairement du principe qu'on vient d'établir dans le Chapitre
precedent. En effet, s'il est vrai que Dieu ne
nous puisse rien révéler qui soit directement
opposé à ce qne la Raison & les Sens nous
apprenent clairement, ne s'ensuit-il pas de-
là l'une de ces deux choses; ou que l'Ecriture, entenduë dans son vrai sens, ne peut
rien enseigner qui répugne à ces mêmes
Lumieres, si elle est véritablement la Parole de Dieu; ou, qu'elle n'est point la Parole de Dieu, si elle enseigne des choses évidemment contraires aux Notions les plus
évidentes du Sens-Commun? En effet, la Lumiere naturelle venant certainement de notre
Créateur, & nous ayant été donnée comme
une mesure & une régle primordiale pour
discerner le vrai du faux, & pour juger des
Doctrines particulieres qu'on nous propose,
n'est-il pas évident que Dieu ne peut rien
nous révéler qui lui soit contraire? Car
pourroit-il se contredire lui-même, & nous
apprendre par la Lumiere de la Révélation

des

des choses tout opposées à celles qu'il nous fait connoître par la Lumiere de la Nature? Ceci me paroit si clair, que je ne crois pas qu'il soit nécessaire de nous y arrêter davantage. C'est pourquoi,

Je passe à une autre Conséquence, que voici. Puisque l'Ecriture est la parole de Dieu, & qu'elle ne peut rien enseigner qui soit opposé aux maximes évidentes de - la Raison, il s'ensuit de - là, que, lorsqu'en lisant l'Ecriture Sainte, nous rencontrons quelque Passage, qui, à le prendre à la lettre, renferme un sens absurde & contraire à la lumiere naturelle, nous pouvons nous assûrer que ce n'est point - là le véritable sens de ce Passage, & qu'il y en a quelque autre caché sous l'écorce de la Lettre, à la recherche duquel nous devons nous appliquer, autant qu'il nous est possible, selon la portée de nos lumieres. Il semble donc que nous aïons une Régle sûre pour l'interpretation de l'Ecriture, & pour juger du moins de ce qu'elle ne dit pas.

Il faut pourtant l'avouër, cette Regle est fort contestée. Il y a bien des Théologiens qui se sont révoltés à l'encontre. Chacun sait le grand procès qu'eut autrefois à soutenir Mr. de Wolzogue, Pasteur de l'Eglise Wallonne d'Utrecht, pour avoir avancé cette Proposition dans son Traité *de Scripturarum Interprete.* L'Eglise Wallonne de Middelbourg, qui étoit alors conduite par le Sieur Labadie qui fit tant parler de lui dans la suite, fut fort choquée de cette Doctrine de Mr. de Wolzogue,

&

& en demanda la condamnation, auſſi bien que de pluſieurs autres Propoſitions qui étoient contenuës dans le Traité dont nous venons de faire mention, au Sinode de Naarden. Cette Aſſemblée emploïa pluſieurs Séances à la Diſcuſſion de cette Affaire. Il eſt vrai pourtant, que Mr. de Wolzogue remporta enfin la victoire. Le Sinode jugea par unanimité de ſuffrages que le Livre de ce Miniſtre étoit orthodoxe, & condamna le Sieur Labadie à lui faire réparation, comme on le voit pas l'Acte de ce Sinode, dont voici la copie.

T A N T ſ'en faut que le Sr. Labadie & ſon Egliſe ayent eu aucun Sujet d'accuſer le Livre du Sr. de Wolzogue des erreurs mentionées, la Compagnie le declare unanimement, & ſans en excepter un ſeul, Orthodoxe; & par conſequent que le Sr. Labadie & ſon Conſiſtoire ont eu grand tort de l'accuſer d'une façon ſi atroce: &, afin que deſormais perſonne n'accuſe quelqu'un de ce Corps ſans ſujet, cette Compagnie a jugé l'Egliſe de Middelbourg cenſurable, & l'exhorte très-ſérieuſement d'avoüer qu'elle a mal fait, & de ſe donner de garde ci-après de pareilles procédures. Et, parce que le Sr. Labadie eſt le principal Auteur de telles Accuſations, & qu'il ſ'eſt efforcé de flétrir la réputation du Sr. de Wolzogue, de vive voix, en Chaire, par des Ecrits, & par des Imprimés, la Compagnie a déclaré unanimement, qu'il la doit réparer, en confeſſant à la face de ce Sinode, & en preſence dudit Sr. de Wolzogue, qu'il

a

a eu tort de l'accuſer, & qu'il en a un ſingu-
lier déplaiſir.

C'EST ainſi que le ſentiment, que nous
ſoutenons, triompha dans cette occaſion.
Après ce Jugement d'un Sinode entier,
dont tous les Membres paſſoient pour de
très-zélés Orthodoxes de la Communion
de Geneve, ne ſemble-t-il pas qu'on puiſſe
ſans ſcrupule marcher ſur les Pas de Mr.
de Wolzogue, & défendre la même Doctrine, ſans craindre d'en être cenſuré par
aucun bon Proteſtant de la dite Communion? Mais, comme je l'ai déjà dit, cette Doctrine eſt fort ſuſpecte à bien des
Théologiens; ils la rangent parmi les Propoſitions qui ſonnent mal, & qui ſentent
un peu l'Héréſie, (*Propoſitio male-ſonans &*
redolens Hæreſim.) C'eſt pourquoi je crois
que nous ne ferons point mal de nous arrêter un peu à l'éclaircir; car, je ſuis perſuadé
que toutes les Diſputes qu'il y a eu ſur cette matiére, & qui ont fait tant de bruit, ne
ſont que des Diſputes de Mots, & qu'on
eſt d'accord dans le fond. Mais, comme
la plupart des termes, dont on ſe ſert pour
exprimer ce qu'on penſe là-deſſus, ſont é-
quivoques, chacun les entend à ſa maniére-
re: d'où il arrive que l'on conteſte, par ce
qu'on ne s'entend point, &, qui pis eſt, parce qu'on ne veut point s'entendre.

POUR éviter ces inconveniens, je vais
tâcher de m'expliquer avec le plus de clarté & de préciſion qu'il me ſera poſſible, en
rejettant les termes obſcurs & équivoques,
ou du moins en ne m'en ſervant point qu'a-

M

près

près avoir diſtingué les differens ſens qu'on peut leur donner, & qu'après avoir averti du ſens auquel nous les entendrons. C'eſt pourquoi, comme je remarque que quand on dit qu'une choſe eſt contraire à la Raiſon, cette phraſe ou cette façon de parler eſt équivoque, & que l'un l'entend d'une maniére & l'autre d'une autre, je commencerai par diſtinguer les differens ſens qu'on peut donner à cette Propoſition. Il me ſemble donc, que lorſqu'on dit qu'une choſe eſt contraire à la Raiſon, on peut prendre cette Propoſition en l'un de ces trois ſens differens.

Le premier eſt, que cette choſe choque la Raiſon, parce qu'on ne la comprend pas, ou, pour mieux dire, parce qu'on ne comprend pas la maniere en laquelle elle peut être. C'eſt en ce rang, par exemple, qu'on peut mettre le pouvoir qu'ont les Eſprits d'agir ſur les Corps. On ne comprend pas trop comment cela ſe peut faire. De-là quelques-uns concluënt que la choſe n'eſt point, & qu'elle ne peut être.

Le ſecond ſens eſt qu'une choſe eſt contraire à la Raiſon, parce qu'elle eſt contraire aux loix ordinaires de la Nature. En ce ſens, il eſt contraire à la Raiſon qu'une Vierge enfante; qu'un mort reſſuſcite; que des Gens qu'on jette dans une fournaiſe allumée, au point que l'étoit celle de Babylone, n'y ſoient point conſumés; qu'on marche ſur la mer, ſans s'y enfoncer.

Enfin, le troiſieme ſens qu'on peut donner à cette Propoſition eſt, qu'une choſe eſt

con-

contraire à la Raison, parce qu'elle renferme une Contradiction, mediate ou immédiate. En ce sens, il est contre la Raison de dire qu'un & un ne font pas deux, que le tout n'est pas plus grand qu'une de ses parties; qu'une chose peut être & n'être pas en même tems, &c. Voilà les trois sens différens dans lesquels on peut dire qu'une chose est contraire à la Raison.

CELA posé, je dis que quand nous soutenons qu'on ne doit jamais donner à l'Ecriture un sens qui soit contraire à la Raison, nous n'entendons point cette Proposition dans le premier, ni dans le second sens. Il y auroit de la folie & de l'impieté à ne vouloir rien croire ou admettre comme véritable, que ce dont on comprend parfaitement la Raison, ou que ce qui ne surpasse pas les forces ordinaires de la Nature.

EN EFFET, pour prétendre la premiere de ces deux choses, c'est-à-dire, qu'on ne doit recevoir comme vrai que ce qu'on comprend parfaitement, il faut raisonner de la sorte: *Il n'y a de vrai que ce que je comprens. Je ne comprens pas comme une telle chose peut être. Donc elle n'est point.* Mais est-il possible qu'il y ait dans le monde des Gens capables de donner dans une si grossiére illusion? Qui ne sait qu'il y a une infinité de choses dans le monde que les plus savans ignorent, & qu'il n'y a que Dieu qui n'ignore rien? Ce premier sens est donc insoutenable.

MAIS le second ne l'est pas moins; il consiste à dire, comme on a vû, qu'on

ne doit admettre comme des Vérités révélées de Dieu, que les choses qui ne sont
point au dessus du cours ordinaire de la
Nature. Cette prétention est si déraison-
nable, qu'il y auroit de l'impiété & de
l'extravagance à la soutenir; car il faudroit
dire pour cela de deux choses l'une; ou,
que Dieu ne peut que ce que peut la Nature, ce qui est une impieté; ou, qu'encore
que Dieu puisse faire tout ce qu'il veut, il
ne fait pourtant jamais rien que conformément aux loix qu'il a établies dans la
Nature, ce qui seroit ridicule & imperti-
nent: tous les miracles que Dieu a opérés
depuis la naissance du monde prouvant incontestablement le contraire. Ainsi, quand
nous disons qu'on ne doit jamais donner à
l'Ecriture un sens opposé à ce que dicte la
Raison, nous n'avons garde d'entendre
cette Proposition, ni dans l'un, ni dans
l'autre des deux sens, que nous venons de
réfuter.

Il s'ensuit de-là tout naturellement, que
nous l'entendons seulement dans le troisieme, c'est-à-dire, que nous prétendons
qu'on ne doit jamais donner aux Passages
de l'Ecriture un sens qui répugne directement à la droite Raison, ni qui renferme
une vraye Contradiction, médiate ou im-
mediate. Mais, qui est-ce qui oseroit contester cette Vérité? Qui oseroit soutenir que
la vûë claire & distincte du sens litteral,
& de son opposition formelle aux Notions
communes & aux Maximes évidentes de la
Phi-

Philoſophie, n'eſt pas une Raiſon ſuffiſante
pour le rejetter?

Il ſemble à la vérité, qu'il y **a** des Théologiens qui ne veulent permettre que l'on
conſulte la Raiſon, qu'après s'être bien
aſſûré par la conſideration des paroles mêmes & des circonſtances du texte, qu'elles
peuvent recevoir le ſens en queſtion. De
ſorte que, ſelon eux, tout ce que la Raiſon
peut dire n'eſt qu'un acceſſoire, qui ne
doit être mis en compte qu'après le principal. Mais ce ſentiment ne ſauroit ſe ſoutenir; car, combien y a-t-il de paſſages
dont on rejette le ſens litteral uniquement
à cauſe qu'il choque la Raiſon? Quoique
ce ſens litteral, à l'examiner ſelon les
régles de la Critique & de la Grammaire,
paroiſſe bien plus naturel que celui qu'on
lui ſubſtituë; de ſorte qu'on ne balance-
roit pas à le préférer au ſecond, s'il n'avoit
rien de contraire à la Lumiére naturelle.

Je mets dans cette claſſe tous les Endroits de l'Ecriture qui attribuënt à Dieu
des pieds, des mains, & les autres parties
du corps humain, ou qui lui attribuënt des
affections & des paſſions ſemblables à celles des hommes. J'y mets ce que Dieu
dit au Deuteronome, que, lorſqu'on aſſié-
gera une Ville, on ne doit pas couper les
arbres fruitiers qui ſont autour, parce que
l'arbre des champs eſt un homme. J'y
mets ce que Jeſus-Chriſt nous dit de nous
arracher les yeux, & de nous couper les
pieds & les mains, lorſque ces parties de
nôtre corps nous feront tomber dans le

 pécbé

péché. J'y mets enfin le precepte de tendre l'autre joüe à celui qui nous frapera sur une. Chacun comprend assez de lui-même quel est le sens le plus naturel de ces Passages, quel est celui qui se présente le premier. Cependant, presque tout le monde rejette le sens litteral de ces Passages, & leur en donne un autre qui est un peu plus recherché. Or, pourquoi ne s'en tient-on pas au sens qui se présente d'abord, & qui paroit plus naturel que l'autre? N'est-ce pas à cause que ce sens choque visiblement la Raison? On est donc persuadé, qu'il ne faut jamais interpréter l'Ecriture dans un sens qui soit directement opposé à la droite Raison; & qu'en agir autrement c'est l'expliquer mal, & lui attribuër un sens qu'elle n'a pas.

C'ETOIT du moins le sentiment de S. Augustin, qui dit dans son Epitre VII. *Si manifestißimæ & certæ Rationi velut Scripturarum Sanctarum objicitur auctoritas, non intelligit qui hoc facit, & non Scripturarum illarum sensum, ad quem penetrare non potuit, sed suum potius objicit veritati; nec quod in eis, sed quod in se ipso velut pro eis invenit, opponit.* C'est-à-dire, *Si on oppose à ce que la Raison enseigne clairement & certainement, ce qu'on regarde comme appuyé par l'autorité de l'Ecriture, celui qui en agit ainsi ne comprend pas bien ce qu'il fait. Ce n'est pas le sens de l'Ecriture qu'il oppose à la Vérité, mais le sien propre. Il n'oppose pas ce qu'il trouve dans ce saint Livre, mais ce qu'il trouve en lui-même & dans ses propres ima-*
gina-

giuations. S'expliquer de la ſorte, c'eſt dire
bien nettement, que c'eſt mal entendre &
interpréter l'Ecriture, que de lui faire dire
des choſes manifeſtement & évidemment
contraires à la Raiſon; & que ceux qui
l'expliquent de la ſorte, s'éloignent d'autant plus du véritable ſens des Ecrits Sacrés, qu'ils s'attachent plus groſſiérement à
la Lettre, qu'on peut dire véritablement
être, dans cette occaſion & par raport à
eux, une Lettre qui tuë.

CHAPITRE XVI.

*Que tous les Théologiens conviennent au fond
de ce qu'on vient de dire, & qu'ils s'y con-
forment dans la Pratique.*

CE que je viens de dire dans le Chapitre précédent me paroît ſi clair & ſi
évident, que je ne crois pas qu'il ſe trouve
aucun Théologien, de quelque parti qu'il
ſoit, qui oſe le conteſter. La plûpart ne
diſputent entre eux ſur cette matiére, de
même que ſur beaucoup d'autres, que parce
qu'ils ne veulent pas s'entendre, & qu'ils
ſont bien-aiſes d'attribuër à leurs Adverſaires des ſentimens qu'ils n'ont pas, afin
d'avoir par ce moïen un pretexte de décla-
mer contre eux, & de les décrier par les
conſequences odieuſes qu'ils tirent de ces
faux principes qu'ils leur prêtent. C'eſt ce
qu'on ne voit que trop ſouvent arriver ſur

 le

le sujet que nous traitons, comme sur plusieurs autres

En Effet les Théologiens, qui ne
peuvent souffrir qu'on consulte la Raison
sur l'Interprétation de l'Ecriture, & qu'on
apelle pour ce sujet Anti-Rationaux, im-
putent à leurs Adversaires des sentimens si
absurdes, que je ne doute pas que les Sociniens mêmes, qui semblent aller plus loin
que les autres sur cette matiere, ne les rejettent absolument. Ils accusent leurs Adversaires, de soutenir, ou du moins de penser deux choses : L'une, qu'on ne doit croire aucun Dogme qu'après que la Raison
l'aura examiné par la Lumiere naturelle, &
qu'elle aura trouvé, non qu'il n'a rien qui
paroisse évidemment faux , mais qu'il n'a
rien qui ne paroisse positivement véritable.
L'autre , que tout ce qui ne paroit pas
vraisemblable, & qui est contraire aux loix
ordinaires de la Nature est dès-là contraire
à la droite Raison. Qu'on lise les Ecrits
de Mrs. les Anti-Rationaux, & on verra que
que c'est-là l'idée qu'il leur plait de se faire
de notre Systême.

Pour nous, tout ce que nous deman-
dons, c'est qu'on reduise notre Sentiment
à ce que nous disons , & à ce que nous
croïons nous-mêmes, & non pas à ce qu'il
plait à nos Adversaires de nous attribuër.
Je suis persuadé qu'alors il n'y aura plus
de Disputes sur cette matiére. Notre sentiment est donc, je le repete, qu'on ne doit
se départir du sens litteral de l'Ecriture, que
lorsqu'il renferme une Contradiction manifeste,

feste, soit médiate, ou immédiate. Ainsi qu'on ne nous accuse plus de prétendre qu'on ne doive rien croire qui choque la vraisemblance, ou qui soit au-dessus des loix ordinaires de la Nature. Comment est-il possible qu'on fasse une telle Accusation ? Tous les Chrétiens ne croient-ils pas la Création; la Naissance de Jesus-Christ d'une Vierge; la Résurrection, non seulement de quelques particuliers, opérée peu de jours après leur mort, mais encore la generale, qui rendra la vie à tous les hommes sans exception, même à ceux dont les corps ont été consumés depuis plusieurs siécles ? Ce n'est donc point de cette sorte d'opposition qu'on veut parler. Il n'y a personne qui prétende qu'on doive y avoir égard dans l'Interprétation de l'Ecriture. Tous ceux, qui soutiennent qu'on ne doit jamais lui donner un sens contraire à ce que dicte la droite Raison, l'entendent d'une opposition qui naît d'une Contradiction manifeste, telle que celle qu'on aperçoit dans certains Dogmes, que quelques Sociétés Chrétiennes veulent faire passer pour des Verités revelées, comme par exemple la Transubstantiation. Or ceux, qui déclament le plus contre la Raison, n'osent pas nier qu'on ne doive déférer à cette seconde sorte d'opposition. Ils avouënt que l'Ecriture ne peut rien enseigner qui soit contraire à la Raison en ce sens, ni qui renferme aucune Contradiction.

CELA étant, sur quoi donc peut être la Dispute, puisque les Théologiens, de quel-

que Parti qu'ils foient, conviennent tous
au fond de la même chofe? On dira peut-
être, que la diverfité des fentimens confifte
en ce que les uns croïent voir des Contradictions, où les autres prétendent qu'il n'y
en a point. Rien n'eft plus veritable; mais
cela fait voir, qu'il n'y a des Difputes que fur
l'ufage de la Régle, & non pas fur la Régle même. On eft tous d'accord, qu'il ne
faut pas croire ce qui eft tellement Contraire
à la Raifon, qu'elle y apercoit des contradictions manifeftes ; c'eft la Regle. On nous
dit que nous croïons voir des Contradictions,
où il n'y en a point, c'eft-à-dire que nous ap-
pliquons mal la Regle, & que nous en fai-
fons un mauvais ufage. Ainfi toute la Dif-
pute fe reduit à l'application de la Regle;
mais la Regle même fubfifte, & perfonne
ne la rejette.

C E qui me confirme dans cette penfée,
c'eft que je remarque que ceux, qui paroiffent
les plus prévenus contre la Raifon, ne font
aucune difficulté de fe fervir des mêmes
principes que nous, lorfqu'ils écrivent fur
d'autres fujets. 1. Tous les Théologiens Proteftans, par exemple, traitent d'injufte &
de ridicule la prétenfion des Controverfiftes
Romains, qui veulent que les Proteftans
prouvent par des Textes exprès & formels
tout ce qui fe trouve dans leurs Confeffions
de Foi. Mais, qu'y auroit-il de plus inconteftable que cette prétenfion, fi la Raifon
étoit abfolument aveugle pour les chofes
de la Religion, & s'il ne faloit avoir aucun
égard

égard à ce quelle dit sur ces sortes de matiéres.

2. L E s Théologiens disent communément, que, lorsqu'on est bien sûr qu'une
chose est dans l'Ecriture, on doit s'assûrer
qu'elle n'est pas contraire à la Raison. Si
cette maxime est vraie, peut-on douter de
celle-ci, que, lorsqu'on est sûr qu'une chose
est contraire à la Raison, on peut s'assûrer
qu'elle n'est point dans l'Ecriture. Est-il
possible que la seconde soit fausse, si la premiere est véritable, à moins qu'ils ne prétendent que nous ne puissions jamais être
sûrs qu'une chose est contraire à la Raison?
Mais il nous faudra dans ce cas devenir de
parfaits Pyrrhoniens, & ne rien croire, l'é-
vidence n'étant pas une marque certaine de
vérité.

3. E n f i n, ils conviennent que l'absurdité, qu'il y auroit à prendre certains Passages de l'Ecriture dans le sens litteral, suffit
pour faire rejetter ce sens; & c'est une
maxime qu'ils suivent toûjours dans la Pratique; c'est-à-dire, que lorsqu'interpretant
l'Ecriture ils rencontrent quelque Passage
dont le sens litteral leur paroit absurde &
contradictoire, ils ne manquent pas de lui
donner un sens figuré.

E n effet, il n'y à point de Théologien
qui s'obstine a prendre à la lettre, ni les
passages qui semblent attribuër à Dieu, soit
les parties du corps humain, soit des passions semblables aux nôtres; ni les paroles
du Deuteronome qui portent que *l'arbre
des champs est un homme;* ni ce que Jesus-
Christ

Chrift nous commande de nous arracher les yeux, de nous couper les piés & les mains &c. s'ils nous fcandalifent, ou de préfenter une jouë à celui qui nous frape fur l'autre.

Je ne connois point de Théologien qui fe faffe un fcrupule d'expliquer dans le fens miftique les Oracles du Vieux Teftament, qui prédifent le Royaume du Meffie, & les Conquêtes miraculeufes qu'il devoit faire dans le Monde: & cela, parce que ce fens s'accorde mieux avec l'événement, quoiqu'on ne puiffe nier qu'il ne foit moins naturel que le litteral.

Il en eft de même des expreffions hyperboliques de l'Ecriture, perfonne ne veut les prendre à la lettre; parce qu'à les prendre de la forte, elles choqueroient vifiblement la Raifon. Cependant, on ne peut nier que le premier fens, qui s'offre à l'efprit, ne foit le fens propre & litteral.

Parmi ce grand nombre de Théologiens qui ont entrepris de concilier les Paffages de l'Ecriture qui femblent fe contredire, il n'y en a aucun qui faffe difficulté de donner à ces Paffages un fens affez différent du premier qui fe préfente à l'efprit. On fe croit cela permis; parce qu'à moins d'en ufer de la forte, il faudroit néceffairement avouër que deux Propofitions contradictoirement oppofées peuvent être vraïes l'une & l'autre en même tems: ce qui repugne à la droite Raifon.

Il fe trouve meme des Théologiens dans toutes les Communions qui vont encore

core plus loin. De ſimples probabilités & vraiſemblances leur ſuffiſent pour donner à l'Ecriture un ſens très-différent de celui qui s'offre d'abord à l'eſprit. Par exemple, on ne peut nier que ce que David dit au Pſ. XIX. que le Soleil part d'un des bouts du Ciel & va juſqu'à l'autre bout; & ce qui eſt dit au Livre de Joſué du miracle qui arrêta cet Aſtre dans ſa courſe; on ne peut nier, dis-je, que cela ne ſignifie naturellement que le Soleil ſe meut autour de la Terre. On ne peut nier non plus que l'hypothèſe du mouvement de la Terre ne ſoit une opinion problématique. Je ne ſache pas du moins qu'elle ait encore été demontrée phiſiquement, quoiqu'elle ſoit fondée ſur des vraiſemblances très-fortes. Cependant, quoique cette opinion ne ſoit que vraiſemblable, ceux, qui l'ont embraſſée, ne ſe font point de ſcrupule de donner aux paroles de l'Ecriture un ſens fort différent de celui qui ſe préſente d'abord à l'eſprit.

Ce que nous venons de dire montre clairement, que la Théorie de ceux qui déclaiment le plus fortement contre la Raiſon, ne s'accorde pas avec leur Pratique. Il eſt bien vrai, que lorſqu'ils conſiderent cette Thèſe en général, & qu'on leur demande ſi l'on doit conſulter la Raiſon lorſqu'il s'agit d'interpreter l'Ecriture, ils ſoutiennent vigoureuſement la negative, & qu'ils deſaprouvent hautement le ſentiment contraire, pretendant qu'il favoriſe l'Héréſie. Mais, tirez les de-là, & mettez-les
ſur

fur des matiéres non controverfées, vous verrez qu'ils fe feront une loi de ne pas donner aux paroles de l'Ecriture un fens oppofé à ce que la Lumiere de la Raifon nous enfeigne. Et, s'ils n'en agiffoient pas de la forte, ne tomberoient-ils dans les erreurs les plus extravagantes, & dans les impiétés le plus monftrueufes?

Pourquoi donc blâmer fi fort notre fentiment, puifqu'il y faut revenir malgré qu'on en ait? Pourquoi desaprouver dans la Théorie un Régle, qu'on ne fauroit fe difpenfer de fuivre dans la Pratique; ce qui prouve invinciblement la neceffité qu'il y a de l'admettre? C'eft, dira-t-on, qu'il y a certaines Gens qui en abufent, pour rejetter comme contradictoire ce qui ne l'eft pas. Je repons à cela, que les hommes abufent tous les jours des meilleures chofes: mais, feroit-on fondé de vouloir pour cette raifon en condamner le légitime ufage? Vous vous plaignez qu'il y a des Gens qui s'appuïent fur cette Régle, pour rejetter comme contradictoire ce qui ne l'eft pas; mais ne m'avouërez-vous pas, que, fi ce qu'ils rejettent comme abfurde & contradictoire l'étoit effectivement, ils auroient raifon d'en agir de la forte? Vous en conviendrez fans doute. Ainfi, felon vousmême, la Régle eft bonne, comme on l'a déja remarqué un peu plus haut. Vous prétendez feulement, qu'ils l'appliquent mal, & c'eft ce qu'ils nient. Refte à favoir qui eft-ce qui fe trompe ou qui ne fe trompe point, qui a tort ou raifon, de vous ou d'eux?

N'y

N'y auroit-il donc pas moïen d'éclaircir la queſtion , & de ſavoir enfin ſi un
Dogme, ou une Propoſition, eſt véritablement contradiĉtoire, ou non? Ouï ſans
doute, ſi on vouloit y procéder également
de bonne foi des deux côtés ; ſi , renonçant
à tout intérêt, à tout préjugé, à tout eſprit
de parti, à toute animoſité, en un mot à
toute paſſion injuſte, l'on cherchoit purement la Vérité pour l'amour d'elle même.
Il faudroit pour cela ne ſe ſervir que de
termes clairs dans la Diſpute, écarter les
mots obſcurs & équivoques, ou du moins
ne s'en ſervir qu'après les avoir exaĉtement
définis.

Comme il n'arrive que trop ſouvent
aux Théologiens de ſe ſervir de mots équivoques, ſans les définir & ſans en diſtinguer les ſens différens, & qu'ils les em-
ployent, tantôt dans un ſens, & tantôt dans
un autre, ſans en avertir, il faudroit en
pareil cas exiger d'eux qu'ils déclaraſſent
dans quel ſens ils veulent s'en ſervir dans
la ſuite du diſcours, ou qu'ils emploiaſ-
ſent d'autres termes plus clairs & moins
équivoques. Ce ſeroit le moïen de terminer bientôt une Diſpute, qui ſans cela n'auroit pas de fin. Par exemple, le mot de
Perſonne eſt fort équivoque dans la Théologie, lorſque l'on parle de la Trinité.
Tantôt les Théologiens entendent par ce
mot la ſeule Perſonnalité, qu'ils ſéparent
par la penſée de l'Eſſence Divine ; tantôt
ils entendent par cette expreſſion, tant la
Perſonnalité, que l'Eſſence Divine, qu'ils
conſi-

confiderent comme jointes & unies enfemble *.

D A N S

* *On avertit par avance, que la Note fuivan-*
te n'eft guére que pour ceux qui entendent le Jar-
gon des Scholaſtiques.

ON nous demandera peut-être ici comment
on peut diſtinguer la Perſonnalité du Sujet auquel on l'attribue, & qui s'apelle une Perſonne?
Pour ſatisfaire à cette queſtion je repons qu'on
diſtingue la Perſonnalité du Sujet dans lequel
on la ſuppoſe réſider, de la même maniére
qu'on diſtingue l'Humanité du Sujet qu'on apelle Homme. Cela ſe fait par une opération
d'eſprit fort ſubtile, qu'on apelle abſtraction
métaphiſique, & qui conſiſte à ſe repréſenter
comme formes & comme ſujets des choſes qui
ne font pas véritablement telles à l'égard les
unes des autres. Car ces formes métaphiſiques,
Perſonnalité, *Humanité*, *Rationalité*, *Anima-*
lité, &c, ne modifient pas réëllement les ſujets
auxquels on les attribuë, elles ne les modifient que dans notre eſprit. Entre la perſonnalité, ou entre l'humanité de Pierre, & Pierre
même, il n'y a qu'une pure diſtinction de raiſon, c'eſt-à-dire, qui n'eſt fondée que ſur les
différentes maniéres dont notre eſprit conſidere
un même objet, l'enviſageant tantôt ſous un
certain raport, & tantôt ſous un autre. Ainſi
je laiſſe à penſer la belle Invention que c'eſt
d'avoir imaginé trois Perſonnalités dans un même Sujet, ou dans une même Nature, très-ſim-
ple : c'eſt abſolument la même choſe, que ſi l'on
ſe figuroit trois humanités, ou trois animali-
tés, dans un même Individu.

MAIS, on peut encore montrer l'Abſurdité de
cette

DANS la Diſpute donc, je demanderois
à un Théologien dans lequel de ces deux
ſens

cette ſuppoſition d'une autre maniére, & voici comment. Pour qu'un Etre eût pluſieurs
Perſonnalités, il faudroit qu'il eût pluſieurs
fois la qualité de Perſonne, ou d'Individu ſpirituel & intelligent. Or l'on ne peut concevoir qu'un Etre ait pluſieurs fois la qualité de
Perſonne ou d'Individu ſpirituel & intelligent,
à moins qu'on ne ſuppoſe qu'il a pluſieurs
exiſtences complettes, c'eſt-à-dire, qu'il exiſte
pluſieurs fois à la maniére d'un tout. On ne
peut donc concevoir qu'un Etre ait pluſieurs
Perſonnalités, qu'en ſuppoſant qu'il exiſte pluſieurs fois d'une maniére complette. Or cette
derniere ſuppoſition eſt abſurde. Je n'appré-
hende pas du moins d'en être dédit par les Proteſtans ; car, ils reprochent tous les jours aux
Catholiques-Romains qu'ils avancent une Abſurdité groſſiere, une Contradiction palpable,
lorſqu'ils attribuent, à Jeſus-Chriſt, comme
ils font, pluſieurs exiſtences diſtinctes, &
qu'ils diſent, par exemple, qu'il exiſte tout
entier dans le Ciel, tout entier ſur un Autel à
Paris, & tout entier ſur un autre Autel à
Rome.

De plus, quand on ſuppoſeroit comme une
choſe poſſible qu'un Etre intelligent fût doüé
de pluſieurs Perſonnalités, on ne pourroit pas
dire en ce cas néanmoins qu'il fût pluſieurs
Perſonnes ; car, qui dit pluſieurs Perſonnes, dit
pluſieurs ſujets doüés de la Perſonnalité, de
même que qui dit pluſieurs Magiſtrats, dit
pluſieurs Sujets revétus de quelques Charges de
Magiſtrature. Ainſi, où il n'y a qu'un ſeul
Sujet, il ne peut y avoir pluſieurs Perſonnes,

N

ni

sens il veut se servir du mot de *Personne*?
Et quelquefois même je le prierois d'emploïer

ni plusieurs Magistrats, quand on supposeroit
que ce Sujet auroit plusieurs Personnalités, ou
plusieurs Charges de Magistrature. Tout ce
qu'on pourroit dire en ce cas, c'est que le Sujet en question auroit plusieurs fois la qualité
de Personne, ou la qualité de Magistrat. Aussi
les Catholiques-Romains n'ont-ils garde de dire
que Jesus-Christ existant sur l'Autel soit une
Personne différente de Jesus-Christ existant dans
le Ciel. Au contraire, ils soutiennent que c'est
toûjours la même Personne, parce qu'ils supposent que c'est le même sujet qui existe tout
entier en chacun de ces endroits. Preuve évidente, qu'ils ne croïent pas que ces diverses
subsistances ou Personnalités d'un même sujet
puissent être apellées plusieurs Personnes. On
voit par cet échantillon, que le Systéme de Scholastiques sur la Trinité est rempli de Contradictions, & que les Absurdités y fourmillent de
tous côtés; car, c'est sur la supposition chimérique de trois Personnalités dans l'Essence divine, que tout ce Systéme est bâti. *O quantum
est in rebus inane!*

Je prie le Lecteur d'observer ici, qu'en parlant de la sorte, je ne pretens combatre que le
Systéme des Scholastiques. Je respecte très-
fort tout ce que l'Ecriture nous dit du Pere,
du Fils, & du St. Esprit; mais j'avoüe ingé-
nûment que je ne l'entens pas, & que je ne
sai dans quel sens il faut prendre ses expressions, tant parce qu'elles sont génériques &
fort vagues pour la plupart, que parce qu'elles sont appliquées à des sujets qui nous sont
d'ailleurs inconnus. Ainsi je n'ai garde de prononcer

ploïer quelqu'autre terme plus clair à la place, afin de retrancher toute occasion d'équivoque.

Par éxemple, s'il s'agissoit de l'Incarnation, quand mon Théologien me diroit que la seconde Personne de la Trinité s'est in-

noncer sur ce qui passe mon intelligence. Je sai pourtant fort bien qu'il ne faut pas attribuër aux Passages de l'Ecriture un sens qui soit contraire à la droite Raison, ni qui répugne à la nature, ou aux attributs de l'Etre Divin. On en a raporté les raisons ci-dessus. En un mot, ou il faut prendre dans un sens figuré & allegorique les Passages de l'Ecriture qui nous parlent du Pere, du Fils, & du S. Esprit, comme de trois Etres pensans, ou il faut entendre ces endroits à la lettre. Si on les prend dans un sens figuré & allégorique, je ne vois pas ce qui pourroit obliger de dire que le Pere, le Fils, & le S. Esprit, sont trois Personnes. Au contraire, on devroit éviter de se servir de ces termes, par la même raison qu'on se croit obligé de s'abstenir de ceux de trois Substances ou de trois Esprits. Mais, si on entend les Passages en question dans le sens Litteral, alors on ne peut se dispenser d'avouër que ce sont trois Substances & trois Esprits, aussi bien que trois Personnes, vû que la force des expressions n'emporte pas moins l'un que l'autre. Ainsi, l'on n'a qu'à choisir entre ces deux alternatives : car, il faut nécessairement se déterminer pour l'une ou pour l'autre ; à moins que l'on ne prenne un troisième parti, qui est celui de suspendre son jugement sur le sens des Passages dont il s'agit.

N 2

incarnée, je lui demanderois s'il entend par-
là, que la seule Personnalité du Fils s'est
incarnée ; ou s'il entend, que la Nature divine du Fils, aussi bien que sa Personnalité,
s'est unie à la Nature humaine. Un homme un peu versé dans la Théologie Scholastique n'auroit garde de répondre que la
seule Personnalité du Fils s'est incarnée, &
non pas la Nature divine ; parce qu'il s'ensuivroit de-là 1. que la Personnalité du Fils
& l'Essence divine sont réëllement distinctes
l'une de l'autre ; ce qu'aucun Scholastique
n'oseroit avancer. Il s'ensuivroit aussi de-
là 2. que Dieu ne se feroit pas fait homme,
puisque l'Essence divine ne se feroit pas incarnée : autre grand Inconvenient dans la
Théologie de l'Ecole.

A i n s i, nôtre Théologien me répondroit
sans balancer, que la Personnalité du Fils ne
peut pas s'incarner, que la Nature ou l'Essence divine ne s'incarne aussi ; parce que
la Personnalité du Fils & de la Nature divine sont réëllement la même chose, &
qu'elles ne peuvent être distinguées ni sé-
parées l'une de l'autre que par la pensée.
Alors, je le prierois de m'expliquer comment la Nature divine peut donc s'incarner,
sans que la Personnalité du Pere & celle du
S. Esprit ne s'incarnent aussi, puisque ces
deux Personnalités sont réëllement la même
chose que la Nature divine, & qu'elles n'en
peuvent être distinguées ni separées que par
la pensée ? Le Théologien en question auroit sans doute ici recours au Mistere : il
diroit, que c'est une chose qui ne se peut

com-

comprendre. Mais, qui ne voit que c'est ne
repondre rien qui vaille, & qu'il contredit
lui-même à ses propres principes, en niant
une chose qu'il avoit accordée auparavant?

Si, d'un autre côté, notre Dispute rouloit
sur la Distinction qui est entre le Pere, le
Fils, & le Saint Esprit, je le prierois de ne
point se servir du mot de Personne, ni de
celui de Distinction personnelle, (termes
qui sont équivoques dans la bouche des
Théologiens,) mais d'emploïer seulement
ceux d'Etre intelligent, ou de Substance
intelligente, & de Distinction reëlle, ou de
Substance à Substance. Ensuite je lui demanderois si le Pere, le Fils, & le S. Esprit,
sont trois Etres ou trois Substances intelligentes, ou si ce n'est qu'un seul & même
Etre intelligent, qui porte ces trois noms, à
cause de ses différens attributs, ou par raport à ses diverses propriétés, relations, ou
opérations? S'il me répondoit, que ce n'est
qu'un seul & même Etre intelligent, qui
s'apelle Pere, étant considéré sous une certaine proprieté ou relation; qui se nomme
Fils, lorsqu'on le considere sous une autre
relation, ou proprieté; & S. Esprit, lorsqu'on le considere sous une troisiéme maniere d'être. Je lui repliquerois alors, qu'il
faut donc nécessairement entendre dans un
sens figuré & allégorique les Passages du
N. Testament où il est parlé du Pere, du Fils,
& du S. Esprit, comme de trois Etres qui
pensent, ou comme de trois Substances intelligentes; & qu'ainsi rien ne nous oblige
d'admettre une Distinction reëlle entre ce

N 3

qu'on

qu'on apelle Pere, Fils, & S. Efprit : qu'on eft même obligé dans fon hypothèfe de ne point admettre cette Diftinction réëlle; vû qu'un même Etre intelligent, confideré fous une certaine proprieté ou relation, ne peut pas être dit réëllement diftinct de lui-même entant que confideré fous une autre proprieté.

Si ledit Théologien me répondoit au contraire, que le Pere, le Fils, & le S. Efprit font trois Etres intelligens, trois Subftances qui penfent, je lui repliquerois, qu'il faut en ce cas admettre une Diftinction réëlle entre eux, & entendre à la lettre les Paffages de l'Ecriture qui nous en parlent comme de trois Efprits réëllement diftincts; mais qu'on ne peut pas dire alors que ces trois Etres intelligens foient un feul & même Dieu, puifqu'il eft très-certain, & par la Raifon, & par l'Ecriture, que Dieu eft un Etre unique & très-fimple. Il ne s'agiroit plus après cela que de favoir, fi nous devons reconnoitre ces trois Etres intelligens pour trois Dieux parfaitement égaux en toutes chofes, ou fi nous devons admettre quelque inégalité & quelque fubordination entre eux. Mais, cette derniere queftion me paroit fort aifée à décider par les principes les plus évidens de la Lumiére naturelle & de la Révélation.

C'est ainfi qu'on pourroit terminer bientôt les Difputes, fi l'on vouloit n'emploïer que des termes clairs, ou du moins définir les équivoques, en expliquer foigneufement les divers fens, & s'en fervir enfuite conf-

tam-

tamment dans le fens dont on feroit con-
venu. Mais, le mal eft que certaines gens
n'en veulent point venir à cette précifion.
Ils fe fâchent même quand on éclaircit les
équivoques fous lefquelles ils fe cachent.
Ils cherchent alors de nouvelles échapatoi-
res auffi ténébreufes pour le moins que les
prémiéres. Voilà ce qui éternife les Difputes, parce qu'il y a toûjours une des parties contendantes, qui refufe de venir à la
lumiére, de peur que la foibleffe de fa caufe ne foit découverte.

CHAPITRE XVII.

Où l'on éclaircit quelques difficultés qu'on a
coûtume de former contre le fentiment
que nous venons d'établir.

APRE'S ce que nous avons fait voir
dans le Chapitre precedent, que tous
les Théologiens conviennent au fond de
la thèfe que nous avons pofée, il ne femble pas que nous dûffions avoir d'objections
à refoudre, ni de contradictions à effuïer.
Cependant, comme ce fentiment déplait à
bien des gens, & qu'ils ne donnent les
mains à la Vérité, pour ainfi dire, que malgré eux, ils forment le plus de difficultés
qu'ils peuvent contre un principe dont ils
redoutent les conféquences. Ils ont peur
qu'on n'en abufe, c'eft-à-dire, qu'on ne fe
fonde là-deffus pour examiner fi tous les

                    Dog-

Dogmes, qu'ils prétendent tirer l'Ecriture, font de bon alloi.

C'est pourquoi je ne doute pas qu'on ne nous objecte, que ce Principe ne doit pas être admis, parce que c'est celui qu'adoptent les Sociniens, qu'il favorise leur Hérésie, & qu'il lui ouvre, pour ainsi dire, la porte; car, dira-t on, s'il est une fois permis de rejetter un Dogme, par cette seule raison qu'il renferme des Contradictions manifestes, les Sociniens se croiront autorisés à rejetter le Mistere de la Trinité, qui, selon eux, renferme des Contradictions inexplicables. On dira que, pour empêcher cet inconvenient, le meilleur seroit de ne point permettre à la Raison, sous quelque pretexte que ce soit, de prononcer sur le sens de l'Ecriture.

Je repons, que nous n'embrassons ce sentiment, qu'on desaprouve si fort dans l'objection, que parce que nous le jugeons conforme à la Vérité, & non parce qu'il nous paroit propre, ou non, à favoriser les Sociniens, dont nous n'adoptons point les hypothèses particuliéres. Ainsi, je conseille à ceux qui font cette objection d'en faire de même; je les exhorte, dis-je, à examiner la vérité de ce principe en lui-même, sans écouter, ni préjugés, ni esprit de parti. S'ils le trouvent faux, qu'ils le rejettent à cause de sa fausseté, & non à cause qu'ils le jugent favorable ou nuisible à certaines Gens, ou à certaine Cause. Mais s'ils le trouvent véritable, ils font obligés de l'admettre. Il n'est jamais permis de

nier,

vier, ni de rejetter la vérité, sous quelque
prétexte que ce soit, & quelques conséquences que nous appréhendions qu'on en
tire contre nous. Il est encore moins permis de travailler, par ces indignes motifs,
à établir le sentiment contraire. Que l'on
consulte un peu ce que nous prescrit là-
dessus cette Raison, qu'on prétend si aveugle
& si dépravée ; & je suis persuadé, qu'elle
ne manquera point de condamner un pareil
procédé. Ainsi, qu'on ne déclame point
tant contre elle, de peur qu'on ne se rende
justement suspect d'agir par des vûës intéressées, & d'être plûtôt conduit par un
esprit de cabale, que par un véritable
amour de la vérité.

QUOI : veut-on que, pour nous éloigner
davantage des Sociniens, nous admettions
toûjours le sens que les paroles de l'Ecriture offrent d'abord à l'esprit, quelque absurde que puisse être ce sens ? Veut-on,
par exemple, que nous devenions Antropo-
morphites, & que nous attribuïons à Dieu
des pieds, des mains, des yeux, &c. ?
Veut-on que nous croïons que Jesus-Christ
étoit une pierre, ou que le rocher, que
Moïse fendit, étoit Jesus-Christ ? Veut-on
en un mot que nous admettions toutes les
erreurs qui paroissent à une première vûë
appuyées sur des textes de l'Ecriture ? J'ai
de la peine à croire que personne veuille
porter les choses jusqu'à de tels excès.
Qu'on ne parle donc plus du danger qu'il
y a de favoriser le Socinianisme, en ad-
mettant le principe que nous soutenons ;

N 5

car,

car, si on ne l'admet point, ou du moins si on ne le suit point dans la pratique, on tombera dans les impietés les plus monstrueuses, dans les hérésies les plus extravagantes, & cent fois plus dangereuses que celles qu'on attribuë aux Sociniens. Je soutiens même, qu'on ne peut rendre un plus grand service à la Cause des Sociniens, qu'en rejettant la Regle dont nous parlons par la crainte qu'on a de les favoriser. N'est-ce pas leur prêter de grands avantages, que de donner lieu de croire qu'on ne peut les combattre qu'en soutenant des Propositions absurdes & ridicules? Il y a long-tems qu'on a dit: *Omnia dat qui justa negat. C'est tout accorder, que de refuser des choses justes & raisonnables.* C'est donner gain de cause à ses Adversaires, & faire voir que celle qu'on défend n'est pas soutenable.

Je vais plus loin, & je dis que le sentiment que nous combattons favorise ouvertement le Déisme. En effet, peut-on rien imaginer de plus favorable aux Prétensions des Déistes & des Incrédules, que de leur avouër, que le Christianisme nous oblige à croire des Dogmes évidemment faux? N'est-ce pas leur avouër, qu'il y a plus de bon-sens à rejetter la Religion Chrétienne qu'à l'embrasser, & que ceux qui s'en moquent sont plus raisonnables, que ceux qui la reçoivent avec soumission; vû que l'acquiescement qu'on donneroit à des Dogmes absurdes & contradictoires ne pourroit être

que

que l'effet d'une aveugle & stupide crédulité?

MAIS, voici quelque chose de plus fort encore. Le sentiment opposé au nôtre favorise le Pyrrhonisme, puisqu'il tend à dire que l'évidence & la fausseté peuvent subsister ensemble, & qu'ainsi la prémiére n'est pas le caractere infaillible de la verité. Rien n'est donc plus dangereux que le sentiment que nous combatons, vû qu'il favorise la plus pernicieuse espèce d'Athéïsme qu'il y ait. En effet, tout Pyrrhonien est nécessairement Athée; car, comme il doute de tout, il ne sauroit être persuadé de l'Existence de Dieu; mais, il a ceci de particulier, & qui le distingue des autres Athées, c'est qu'on peut espérer de ramener les Athées ordinaires, au lieu qu'il n'est pas possible de ramener un Pyrrhonien. On a des principes communs avec les autres Athées: ils conviennent au moins de celui-ci, que tout ce qui est evident, est vrai. Cela suffit, il ne faut que leur faire voir qu'il est évident que Dieu existe, pour les en convaincre, & les retirer de leur Athéïsme; mais, on ne sauroit convaince un Pyrrhonien par le raisonnement. Comme il doute de tout, & qu'il n'admet rien comme certain, on n'a aucun principe sûr lequel on puisse bâtir, lorsqu'il est question de disputer contre lui. Il répondra à tout ce que vous pourrez lui proposer, que vous supposez ce qui est en question entre vous & lui, & qu'il n'admet aucun de vos principes. Que faire avec un tel homme? Ne faut-il pas abandonner le champ de bataille, & renoncer à disputer avec lui, puis-

qu'on

qu'on ne peut le faire convenir de rien,
non pas même qu'un & un font deux? Je
laisse à juger de-là, si l'on ne doit pas être
extrémement sur ses gardes pour ne rien avancer, qui tende directement à favoriser la
Cause des Pyrrhoniens. Ce font ces suites
de leur hypothèse, que ceux, contre qui
nous disputons, devroient appréhender, &
non pas celles de nos principes, qui ne peuvent conduire d'eux-mêmes à l'erreur, puisqu'une verité ne peut jamais être opposée à
une autre verité.

ON nous objectera en second lieu, qu'il
se pourra faire, en suivant nos principes,
qu'on se trouve obligé de rejetter absolument ce que dit l'Ecriture; car, s'il est
vrai, comme vous le soutenez, nous dira-
t-on, qu'il est impossible que ce qui est é-
vident soit faux, il s'ensuit nécessairement
de-là, qu'il faut consulter la Raison, & suivre ses décisions, soit que l'Ecriture puisse
recevoir deux sens, soit qu'elle n'en puisse
recevoir qu'un seul. En effet, ajoutera-t-
on, supposé qu'on trouve quelque texte
dans l'Ecriture, qui ne puisse recevoir qu'un
seul sens, & que la Raison juge que ce sens
est faux, après l'avoir bien examiné, & après
avoir pris toutes les précautions possibles
pour ne se pas tromper; ne faudra-t-il pas
rejetter ce sens quoiqu'il soit le seul que
les paroles de l'Ecriture puisse admettre?

JE repons, que cette Objection pourroit
nous faire de la peine, si nous admettions
la possibilité de la supposition, sur laquelle
elle est fondée; mais, nous la nions absolument

ment. Nous soutenons, qu'il est impossible
qu'il se trouve dans l'Ecriture aucun texte,
qui ne puisse recevoir qu'un sens opposé à
la droite Raison. Autrement, il s'ensuivroit
que l'Ecriture n'est pas un Livre divin: car
Dieu ne sauroit se contredire lui-même.
Ainsi, dans cette hypothèse, il faudroit dire
de deux choses l'une, ou que cette Révélation ne vient pas de lui, ou que la Lumiere
naturelle n'en vient pas, ou du moins qu'il
ne nous l'a pas donnée pour discerner le
vrai du faux, ni le juste de l'injuste: ce
qui est absurde. Ce qu'on vient de dire
montre évidemment, que tous ceux, qui
sont persuadez de la Divinité de l'Ecriture,
doivent regarder comme une supposition
impossible, qu'il y ait dans l'Ecriture quelque endroit, qui ne puisse recevoir qu'un
sens directement contraire à ce qu'enseigne
la Lumiere de la Raison.

M a i s, quelque impossible, dira-t-on,
que soit cette supposition en elle-même,
n'est-il pas très-possible qu'un homme
s'imagine être dans le cas? N'est-il pas
très-possible, que cet homme se figure que
quelque endroit particulier des Ecrits Sacrés
ne peut recevoir qu'un sens qui lui paroit
évidemment faux? N'est-ce pas-là même
une chose qui n'arrive que trop souvent?
Or, quel parti doit prendre un homme dans
cette occasion? Doit-il préférer ce que sa
Raison lui dicte à ce qu'il croit voir dans
l'Ecriture, ou ce qu'il lui semble voir dans
l'Ecriture aux Lumieres de sa Raison?

J e répons, que tout homme, qui se trouve

en

en pareil cas, doit suspendre son jugement jusqu'à ce qu'il ait plus de lumieres pour prendre parti; car il doit être persuadé & convaincu, qu'il est dans l'erreur, & qu'il se trompe, ou dans le sens qu'il attribuë à l'Ecriture, ou dans ce qu'il prend pour une maxime évidente de la Raison. Il faut donc se conduire en cette occasion de la même maniére qu'on est obligé de faire en beaucoup d'autres occasions semblables; car il y en a plusieurs de cet ordre. Par exemple, on trouve dans l'Ecriture deux Passages qui semblent se contredire. On diroit que l'un appuïe un certain Fait ou un certain Dogme, & que l'autre établit le Fait ou le Dogme opposé. On se trouve alors dans un état de perplexité, on craint d'offenser Dieu, & de tomber dans l'erreur, si l'on se détermine pour l'un ou pour l'autre de ces Faits ou de ces Dogmes. Quel parti prendre donc en ce cas? Nous l'avons déja dit, il n'y en a qu'un seul à prendre, c'est de suspendre son jugement, & d'examiner la chose tout de nouveau, & avec plus de soin & d'attention qu'auparavant. Il faut consulter les Personnes sages & éclairées, ou, si l'on aime mieux, il faut lire les Auteurs qui ont traité cette matiére à fonds. Il faut sur-tout implorer le secours de Dieu, & ne rien négliger pour l'obtenir.

Lorsqu'on aura pris toutes ces précautions, on pourra s'assûrer que, si c'est une vérité que Dieu a voulu que nous sussions, & qui soit importante pour nôtre salut

lut, nous découvrirons tôt ou tard le mal-
entendu qui nous a empêché d'apercevoir
le vrai sens des Ecrivains Sacrés. Je dis
la même chose à proportion pour le premier
cas : je ne doute pas que celui qui s'y trouve ne découvre enfin en quoi consiste
son erreur, supposé qu'il observe les regles
& les précautions dont on vient de parler.

CHAPITRE XVIII.

Si les Théologiens peuvent se dispenser de ré-
pondre aux Objections, prises de la Raison,
que l'on fait contre les Dogmes qu'ils en-
seignent ?

IL nous reste encore une Consequence à
tirer des principes établis dans les Chapitres précédens. La voici. C'est que les
Théologiens sont obligés de répondre aux
Objections, prises de la Raison, que l'on
forme contre les Dogmes qu'ils prétendent
appartenir à la Foi, ou, ce qui est la même
chose, contre le sens qu'ils donnent à certains Passages de l'Ecriture. La chose me
paroit évidente & incontestable; car, peut-
on nier, que les Théologiens ne soient
obligés de prouver que les Dogmes, qu'ils
enseignent comme révélés de Dieu, le sont
effectivement, & qu'ils sont contenus dans
l'Ecriture, ou du moins dans la Tradition,
(ce que j'ajoûte par rapport aux Théologiens de l'Eglise Romaine?) Je ne crois
pas que personne ose me contester ce principe

cipe. Or, fi les Théologiens font obligés
de prouver que ce qu'ils enfeignent comme
Articles de foi eft effectivement de Révélation divine, ils ne peuvent fe difpenfer
par la même raifon de faire voir que ces
Dogmes ne font pas contraires à ce que
nous enfeigne clairement la Lumiere naturelle: car, s'ils y étoient contraires, ce
feroit une marque affurée qu'ils n'ont pas
été révélés de Dieu, & qu'ils ne font pas
véritablement contenus dans l'Ecriture;
puifque Dieu ne peut rien nous révéler,
ni l'Ecriture, entendue dans fon vrai fens,
rien nous enfeigner qui foit manifeftement
oppofé aux Lumiéres de la Raifon, ni au
témoignage des Sens, comme il nous femble
l'avoir montré évidemment dans quelques-
uns des Chapites précédens.

D'où il s'enfuit avec la derniére évidence, que les Théologiens ne peuvent fe
difpenfer de repondre aux Objections, pri-
fes de la Raifon, que l'on fait contre les
Points de Doctrine, qu'ils prétendent appartenir à la Foi, & avoir été révélés;
car, ces Objections tendent à prouver, que
les Points de Doctrine, enfeignés par les
Théologiens comme des Articles de Foi,
répugnent aux maximes les plus évidentes
du Bon-Sens, & par conféquent qu'ils
ne peuvent avoir été révélés de Dieu.
Ainfi, les Théologiens font indifpenfablement obligés de répondre aux dites Objections, s'ils veulent remplir les devoirs
de leur Miniftere, & fe montrer, non
　　　　　　　　　　　　　　　　　point

point des Prévaricateurs, mais de fideles Miniftres du Seigneur.

Je prévois que, pour fe fouftraire à cette obligation, ils ne manqueront pas de dire, que les Dogmes de la Religion font des Miftéres; & que qui dit Miftére, dit quelque-chofe d'incomprehenfible. Mais c'eft une vaine défaite: car, de deux chofes l'une; ou ils n'affirment & ne nient rien touchant ces Miftéres, c'eft-à-dire, qu'ils ne forment là-deffus aucunes propofitions, ni affirmatives, ni négatives, qu'ils prétendent qu'on doive croire; ou ils en affirment & en nient quelque chofe, c'eft-à-dire, qu'ils établiffent là-deffus certains Dogmes, ou certaines propofitions, qu'ils veulent qu'on croie. S'ils n'affirment & ne nient rien touchant les Miftéres, ils ne propofent donc rien à croire là-deffus; ainfi, l'on ne peut leur faire d'Objections.

Mais, s'ils établiffent certaines propofitions fur les Miftéres, & qu'ils prétendent les faire recevoir comme des Articles de Foi, c'eft une autre affaire. Je dis encore ici, de deux chofes l'une; ou ils font profeffion d'attacher quelques idées aux termes qui compofent ces propofitions; ou ils avouént qu'ils n'en attachent aucune. S'ils avouént, qu'ils n'attachent point d'idées à ces termes, qu'eft-ce qu'ils croient donc, & que veulent-ils que l'on croie, lorfqu'ils ne prononcent que des paroles vuides de fens? N'eft-il pas évident, que, pour croire une propofition, il faut qu'elle fignifie quelque chofe, & qu'on entende ce

O

qu'elle

qu'elle fignifie? Et même une propofition, qui ne fignifie rien, eft-elle une vraie propofition? N'eft-ce pas plûtôt un cadavre de propofition, un corps fans ame?

S'ILS répondent au contraire, qu'ils attachent quelques idées à ces termes, comme ils feront contraints de le dire, étant preffés de la forte, je leur demanderai quelles font ces idées? S'ils en ont véritablement, ils pourront me les expliquer d'une maniere intelligible; & ils y font fans doute obligés, s'ils veulent que je croïe ces Miftéres dans le fens qu'ils prétendent qu'on doit les croire. Or, fi je crois voir de l'incompatibilité entre ces idées, fi je crois apercevoir qu'elles fe combatent & qu'elles s'entre-détruifent, en un mot qu'elles font contradictoires; & que je leur propofe là-deffus mes difficultés; ne font-ils pas obligés d'y répondre? Suffit-il de dire en général, que c'eft un Miftére qu'il faut recevoir fans raifonner & fans l'aprofondir? Qui ne voit que fous ce prétexte on pourroit faire paffer les Dogmes les plus abfurdes pour des Vérités divines; comme, par exemple, qu'un & un ne font pas deux; que le tout n'eft pas plus grand que fa partie; qu'il eft poffible qu'une chofe foit & ne foit pas en même tems, &c? C'eft auffi ce qui eft arrivé de fait & à la lettre. Il y a des Sociétés Chrétiennes, où l'on enfeigne des Dogmes qui combatent directement & de front ces Axiomes & premiers Principes, auxquels on vient de faire allufion, comme il feroit facile de le montrer

s'il

s'il en étoit ici question. De tels Dogmes font-ils donc des Vérités révélées? On en éxige cependant la croïance sous ce prétexte. Il n'y auroit donc qu'à laisser faire les Hommes, ils mêleroient bientôt mille Absurdités dans la Religion. Ainsi, l'on a raison de prétendre que les Théologiens doivent justifier leur Doctrine devant le Tribunal de la Raison, & de faire voir qu'ils n'enseignent rien d'absurde ni de contradictoire. C'est un devoir dont ils ne peuvent se dispenser.

QUAND les Théologiens, dont nous parlons, sont ainsi poussés à bout, leur derniere ressource est de recuser la Raison pour Juge en ces matiéres. Ils l'accusent d'être aveugle pour les choses qui regardent la Religion, & ils soutiennent qu'on ne doit avoir aucun égard à ce qu'elle dit là-dessus. Nous aurons bientôt occasion d'examiner si la Raison est aussi aveugle sur ces sortes de matiéres qu'on le prétend. Mais je me contenterai d'abord de leur représenter les inconveniens auxquels les exposent cette maniere de se défendre qui consiste à recuser la Raison.

ILS se défont par-là, je l'avouë, de quelques Objections qui les embarassent, & qu'il n'est pas aisé de résoudre. Mais, outre qu'ils font peu d'honneur à la Vérité, qu'ils se vantent d'avoir de leur côté, en se conduisant de la sorte; puisqu'ils témoignent assez par-là qu'ils croient ne pouvoir la défendre qu'en fuïant le combat, & qu'ils se figurent qu'elle succom-

be-

beroit infailliblement si elle en venoit aux
mains avec l'erreur : ce qui est sans contredit avoir bien mauvaise opinion de ce
qu'on appelle la Vérité. Outre cela, dis-
je, ils se privent des avantages qu'ils prétendoient avoir sur les autres Religions,
auxquelles ils ne pourront plus faire de honte des Absurdités qu'elles débitent, & qu'elles érigent en Mistéres ; car, avec quelle pudeur pourroient-ils les leur reprocher, ou
les accuser là-dessus de fausseté, après avoir
déclaré eux-mêmes, que ce qui paroit le plus
faux, & le plus absurde, peut être très-vrai
en matiére de Religion ?

J E vais même plus loin, & je soutiens
qu'on met par ce moïen des obstacles invincibles à la conversion des Infideles &
des Incredules ; car, ne les confirme-t-on
pas dans leur Incredulité, & n'avilit-on point
le Christianisme à leurs yeux, en leur a-
vouänt, qu'on n'a rien de bon à répondre à
ce que la Raison oppose de plus fort contre
la vérité de ses Dogmes ? N'est-ce pas leur
avouër, que la Raison prononce en leur faveur,& qu'elle nous condamne?Et,comme ils
ne reconnoissent point d'autre Tribunal que
celui-là, n'en tireront-ils pas cette conséquence qu'il est bien plus raisonnable de
rejetter, le Christianisme, que de s'y soûmettre ?

D'AILLEURS, on s'ôte aussi par-là tous
les moiens de leur persuader la vérité de la
Religion Chrétienne ; car, comment le
pourra-t-on, s'ils savent se prévaloir de
leurs avantages, & se servir à propos de
cette

cette maxime pour énerver toute la force
des preuves qu'on pourra leur alleguer?
En effet, figurons-nous qu'il s'agiſſe de convertir un Athée ou un Déïſte, que pourra-
t-on lui propoſer pour le convaincre, qu'il
n'élude aiſément par cette maxime? Qu'on
lui produiſe les preuves les plus évidentes,
pour diſſiper tout cela, il n'aura qu'à dire
ce ſeul mot: *Ce que vous dites me paroit
convaincant; mais s'enſuit-il de-là qu'il ſoit
vrai? Ne m'apprenez-vous pas vous-même,
que la Raiſon eſt aveugle pour les choſes de
la Religion, & que ce qui paroit le plus é-
vident ſur ces matieres peut être très-faux?
Pourquoi voulez-vous donc que je m'en rapor-
à ce qu'elle dit là-deſſus?* Qu'eſt ce que ſon
Convertiſſeur auroit à repliquer?

Je dis la même choſe de la Divinité de
l'Ecriture qui nous eſt niée par les Athées,
par les Déïſtes, par les Payens, & par pluſieurs autres Incrédules. Comment pour-
rons-nous leur prouver cette Vérité capitale, s'il paſſe pour conſtant, que la Raiſon
eſt aveugle ſur les choſes qui regardent la
Religion? Que peut-on produire dans ce
deſſein, qui ne ſoit pris de la Lumiere naturelle? La grande preuve, qu'on allegue communément ſur ce ſujet, eſt celle qu'on
prend des caractéres de Divinité qu'on y
croit remarquer, & voici de quelle maniere on la propoſe ordinairement: *Tout Livre, qui a tels & tels caractéres, eſt un Livre divin: Or les Ecrits de l'Ancien & du
Nouveau Teſtament, qui ſont contenus dans
le Livre que nous apellons la Bible, ont ces*

 ca-

caractères: Donc ces Ecrits sont divins, ou ont été inspirés par l'Esprit de Dieu. Je suppose que la majeure de cet Argument est évidente par la Lumiere de la Raison, & que la mineure est bien & dûëment prouvée à sa maniere; de sorte que tout cela, pris ensemble, forme une démonstration morale des plus complettes. Mais, à quoi pourra servir tout ce travail, & n'a-t-on point perdu sa peine & le tems qu'on y a emploïé, s'il est vrai que la Raison est aveugle sur les matiéres de Religion? Car, n'est-ce pas une affaire de Religion de savoir d'un côté quels doivent être les caractéres, tant de la Religion elle-méme, que du Livre qui l'enseigne; &, de l'autre, de déterminer quel est le Sujet où ces caractéres se trouvent? Ainsi, la Raison étant aveugle à cet égard, ce n'est pas à elle à prononcer là-dessus, & tous les raisonnemens qu'elle pourra faire sur ces matiéres ne devront jamais passer que pour des spéculations frivoles, auxquelles on a eu tort de consumer inutilement bien des momens.

De plus, chacun sait que, comme nous croïons remarquer des caractéres de Vérité & de Divinité dans l'Ecriture, les Incredules croïent de leur côté y remarquer des caractéres d'erreur & de fausseté, c'est-à-dire, des Absurdités & des Contradictions. Ils prétendent même, que ces Contradictions & ces Absurdités sont évidentes, qu'elles sautent aux yeux, & que la Raison ne hésite pas là-dessus à passer condamnation. Si nous la recusons, lorsqu'ils nous l'opposent, comment pouvons-nous la leur opposer, lorsque nous prétendons qu'elle nous est favorable, & qu'elle nous donne gain de cause? Ne sont-ils pas en droit de la recuser à leur tour?

Je fais encore la même Réfléxion au sujet des Disputes qui partagent les Chrétiens sur le Sens de l'Ecriture. Il y a long-tems qu'on les blâme & qu'on les censure là-dessus. Mais, voici une nouvelle preuve, qu'ils ont bien tort à cet égard, & même tous également, c'est-à-dire, tant ceux qui paroissent les mieux fondés dans leurs explications, que ceux qui le paroissent moins, ou point du tout. En effet, à quoi s'amuse-t-on de contester là-dessus, si la Raison est aveugle sur ces sortes de choses? Comment peut-on disputer sur le Sens de l'Ecriture, qu'en produisant certaines Régles, dont il y en a quelques-unes entre autres qui paroissent assez solides à la vérité; mais, comme elles tirent tout ce qu'elles ont d'Evidence & de Certitude du Bon-Sens, de quel poids cette Certitude peut-elle être, si la Raison est aveugle sur les matiéres de Religion? De plus, quand nous pourrions nous assûrer de la bonté de ces Régles, comme nous ne pouvons les appliquer que par le moien de la Raison, quelle assûrance aurions-nous qu'elle ne les applique pas tout de travers?

Voici une Régle, par exemple, que tous les Chrétiens, de quelque Communion qu'ils soient, reçoivent, & qu'ils sui-

vent

vent dans la pratique: *Toutes les fois qu'un Texte de l'Ecriture peut également recevoir deux Sens, dont l'un est absurde & contradictoire, & que l'autre ne l'est pas, il faut préférer le second au premier.* Par exemple, ce que Jesus-Christ dit aux Disciples de S. Jean, *Matth.* XI. *Les aveugles voient*, peut recevoir deux Sens. On peut entendre par-là 1. que les aveugles, demeurant aveugles, ne laissent pas de voir. On peut entendre aussi 2. que ceux, qui étoient aveugles, ne le sont plus, & qu'ils ont présentement l'usage de leurs yeux. Le prémier Sens est absurde & contradictoire : il faut donc, suivant cette Régle, préférer le second.

D E même Dieu dit à Ezechiel, V. 5. au sujet de quelques cheveux qu'il lui commanda de couper & de jetter au feu : *C'est-ici la Ville de Jerusalem que j'ai posée parmi les Nations* : Paroles, qui sont si semblables à celles que Jesus-Christ proféra en instituant l'Eucharistie : *Ceci est mon Corps qui est rompu pour vous.* Ces paroles, que Dieu adresse au Prophéte, peuvent recevoir deux Sens, l'un litteral, mais absurde ; l'autre figuré, mais naturel, & qui n'a rien que de vrai. C'est ce qui fait que toute la Terre préfére ce dernier à l'autre. Mais, si la Raison est aveugle dans les choses de la Religion, & en particulier dans l'Intelligence de l'Ecriture, quel usage pourra-t-on faire de cette Régle? Car comment pourra-t-on sçavoir autrement que par la Raison,

son, si un Sens est absurde & contradictoire? Si l'on suppose donc qu'il ne faut point
la consulter, ni écouter ce qu'elle dit là-
dessus, qui ne voit où cela mène?

Ajoutons enfin, pour finir ce Chapitre, deux autres Réfléxions, qui nous paroissent dignes d'être bien pesées. La premiere est prise de ce que l'Ecriture nous
apprend en divers endroits, que, lorsque
Dieu nous a laissé dans ses Ouvrages tant de
marques sensibles de ses Perfections, son intention a été que les hommes, venant à les
remarquer, apprissent par-là à le connoitre
& à le servir. On peut consulter là-dessus
le *Pseaume* XIX. 2. 5. *Les Actes*, XVII,
26. 27. *Rom*. I. 19. 20. 21. Dans le dernier même de ces Passages S. Paul assûre
que les Payens sont inexcusables de n'avoir
pas profité de toutes ces grandes Leçons que
les Ouvrages de Dieu leur faisoient, pour les
amener à la Connoissance de leur Auteur.

Je demande maintenant comment tout
cela peut être vrai, si l'on suppose comme
une Maxime indubitable, que la Raison est
aveugle pour tout ce qui concerne la Religion? N'est-il pas certain, que ce n'est qu'en
raisonnant & en remontant de l'effet à la
cause, qu'on peut connoître Dieu par ses
Ouvrages? Mais, comment pourra-t-on faire
cet usage de sa Raison, si elle ne voit goute dans ces sortes de choses? Comment
sur tout pourra être vrai ce que dit S. Paul,
que les Gentils sont inexcusables pour n'a-
voir pas connu Dieu en ses Ouvrages? Car,
qu'y auroit-il de plus légitime, que l'excu-

O 5

se que leur auroit fournie l'aveuglement de leur Raison ? Est-on coupable pour ne pas voir ce qu'il n'est pas possible que l'on voïe ? Cette excuse seroit valable sans doute, si le Fait, d'où elle est prise & qu'elle suppose, étoit véritable. Puis donc que S. Paul la rejette, c'est une marque assurée qu'il est de nôtre devoir de suivre la conduite de notre Raison, & que par conséquent elle n'est pas telle qu'on la représente.

L'Autre Réfléxion, qui tend au même but, & qui prouve la même chose que celle qu'on vient de voir, est prise de la coûtume de Jesus-Christ & des Apôtres. Lorsqu'ils ont dessein de réfuter quelque erreur, ou de condamner quelque abus, ils ne se contentent pas de décider seulement la chose, ou de dire ce qui en est ; ils appuïent encore leurs décisions, tantôt par des raisons prises de la Lumiere naturelle, tantôt par des Passages de l'Ancien Testament, qu'ils citent, & dont ils tirent des conséquences, qui paroissent même quelquefois assez éloignées. Nous n'en raporterons pas ici d'exemples, parce que c'est une chose qu'on peut remarquer presque à chaque page dans le Nouveau Testament.

Or, pourquoi ces Saints Hommes en ont-ils usé de la sorte ? N'étoit-ce pas pour donner du poids à ce qu'ils disoient, & pour le faire goûter, soit à leur Auditeurs, ou à leurs Lecteurs ? Mais, quel poids ces raisonnemens étoient-ils capables d'y ajoûter, si le suffrage de la Raison doit être compté pour rien sur ces sortes de matiéres,

res, & s'il est vrai qu'elle n'a point d'yeux pour discerner le vrai d'avec faux en ce qui regarde la Religion ? N'y avoit-il pas même quelque chose de pernicieux dans ce procédé ? N'étoit ce point autoriser les Fidéles à soûmettre la Foi à la Raison, en les accoutumant ainsi à ne rien croire que sur de bonnes preuves ? Ne les confirmoit-on point par-là dans le Préjugé si universellement répandu, & pourtant si faux dans l'hypothèse qu'on a en vûë de réfuter ici, savoir, qu'*on ne doit jamais décider, ni agir, d'une maniére opposée aux principes de la Raison* ? Il faut l'avouër, cette conduite de Jésus-Christ & des Apôtres doit paroître assez admirable à ceux qui sont dans les principes que nous combatons.

CHAPITRE XIX.

Si la dépravation de la Nature par le péché fait trouver insolubles les Objections que l'on fait contre les Dogmes, ou les Mistéres, que la Foi enseigne.

IL y a plusieurs Théologiens, qui se servent de ce prétexte, pour se dispenser de répondre aux Objections, prises de la Raison, que l'on forme contre les Points de Doctrine qu'ils enseignent comme révélés, & qu'ils prétendent apartenir à la Foi. Ils disent que toutes les facultés de nôtre ame, & particulierement la Raison, aïant été depravées, & aïant perdu leur droiture na-

turelle

turelle par le péché du premier Homme,
cette Raifon a contracté par-là une averfion fi infurmontable pour les Vérités révélées, qu'elle les rejette comme de pures
extravagances; qu'ainfi, il n'eft nullement
étrange qu'elle favorife les difficultés qui
combatent les Dogmes de la Religion, &
qu'elle nous les faffe trouver invincibles &
inexplicables. D'où ils concluënt, qu'il ne
faut, ni confulter la Raifon fur les Vérités de la Foi, ni la reconnoître pour Juge
dans les Difputes qu'on a avec les Incrédules, les Infidéles, & les Hérétiques.

I L importe de remarquer avant toutes
chofes, qu'il s'agit ici de la Raifon, telle
qu'elle eft à prefent dans tous les Hommes, foit juftes ou pécheurs, régénerés ou
non régénerés; car, fi, lorfqu'on dit que
la dépravation de la Nature par le péché
nous empêche de pouvoir répondre aux
Objections contre les Miftéres, on n'entendoit fimplement que la Raifon telle
qu'elle eft dans les pécheurs que la Grace
n'a pas régénerés, cette Réponfe pourroit
fatisfaire ceux qui font choqués de ce que
ces pécheurs ne peuvent réfoudre ces Objections. Et en effet, s'il n'y avoit que
ceux-là qui en fuffent embaraffés, cette
réponfe feroit folide. Mais, comme les vrais
Fidéles, les plus diftingués même & les
plus avancés dans la fpiritualité, ne font
pas moins embaraffés que les autres de ces
Objections, il eft clair que cette Réponfe
feroit ridicule, fi, par cette Raifon corrom-
pue & dépravée qu'on ne veut pas que nous
con-

conſultions ſur les matiéres qui regardent la Religion, on n'entendoit que la Raiſon telle qu'elle eſt dans les pécheurs, & non dans les régénerés. Il ne s'agit donc pas ici ſeulement de la Raiſon deſtituée de tout ſecours de la Grace, mais indifféremment & également de la Raiſon ſans ce ſecours & avec ce ſecours. Par conſéquent, lorſque, pour prouver cette incapacité de nôtre Raiſon à bien juger des Vérités de la Foi, on nous produira des Paſſages de l'Ecriture qui ne parlent que des ſeuls pécheurs, ſans y comprendre les juſtes, on ne produira rien qui ſoit à propos. Il faut des Paſſages qui parlent de tous les hommes ſans exception.

CELA poſé, je dis que la Raiſon, que nous alleguent les Théologiens pour s'exempter de répondre aux Objections que l'on forme contre divers Points de leur Syſtème Théologique, n'eſt pas ſoutenable: ce qu'il eſt facile de prouver par pluſieurs Raiſons. Car,

I. Si la dépravation de nôtre Nature par le péché du premier Homme fortifioit tellement les Objections qui combatent les Vérités révélées, qu'il ne ſe trouvât perſonne qui pût les reſoudre, elle produiroit infailliblement un autre effet. Elle affoibliroit tellement les preuves qui nous portent à croire ces Vérités, que perſonne n'en ſeroit frappé, & par conſéquent ne les recevroit, ni de Foi Divine, ni de Foi humaine, ni de Foi naturelle, ni de Foi ſurnaturelle, ou de telle autre ſorte de Foi

qu'on

qu'on voudra s'imaginer. Ces deux suites
d'une même disposition sont également naturelles, & l'on ne sauroit comprendre que,
l'une des deux paroissant, l'autre ne parût
point aussi. C'est ce qu'on ne voit pourtant pas ; car, combien n'y a-t-il pas de personnes qui croient ces Vérités, soit de Foi
divine, soit de Foi humaine, & qui en
trouvent les preuves très-fortes, quoiqu'ils
ne puissent pas bien resoudre les Objections
que l'on fait à l'encontre.

II. Si notre Raison, depuis le péché du
premier Homme, étoit si effroïablement
prevenuë contre les Vérités révélées qu'on
nous le fait entendre, l'effet infaillible de
cette prévention seroit de nous faire paroître
faux tout ce que Dieu nous dit être vrai,
& vrai tout ce que Dieu nous dit être faux.
C'est ce que ne peuvent s'empêcher de dire
les Défenseurs de l'hypothese que nous examinons, & ce qui n'est pourtant pas, au
moins universellement & sans exception ;
car, parmi les Verités revelées, ou que Dieu
nous atteste, il y en a plusieurs qui ne cho-
quent en aucune maniere la Raison, &
qu'elle reçoit très-volontiers, comme nous
le verrons dans la suite. C'est pourquoi je
ne m'y arrête point présentement, & je prens
la chose d'un autre biais.

Je demande donc aux partisans du sentiment opposé, jusqu'où ils prétendent que
va cette illusion de notre Raison corrompuë
qui lui fait toûjours trouver faux ce que
Dieu nous dit ; si c'est seulement à nous
faire paroître les Vérités révélées proba-
ble-

blement fausses, ou jusqu'à nous les faire
paroitre évidemment fausses? S'ils répondent que cette dépravation va seulement à
nous faire trouver les Vérités révélées probablement fausses, je leur répliquerai, que ce
n'est pas assez dire dans leur hypothèse :
car, il s'agit ici de justifier le refus qu'on
fait de répondre aux Objections qui combatent les Vérités révélées, ou du moins les
Dogmes qu'on prétend être tels. Or, de
quoi sert-il pour cela de dire que la corruption de notre Nature par le péché fait
que nous trouvons toutes les Vérités que
Dieu nous atteste probablement fausses?
S'ensuit-il de-là, que ces Objections soient
insolubles, ni même qu'elles le paroissent?
Tout au contraire, il est aisé de les soudre,
si elles ne font que problables, rien n'é-
tant insoluble que ce qui est démonstratif,
ou qui paroît l'être.

D'AILLEURS, les Incrédules convien-
nent-ils, que leurs Objections n'ont que de
la probabilité? Ne prétendent-ils pas au
contraire, que ce font de véritables démonstrations? Il ne faut donc point parler ici
de probabilités ni de vraisemblances : c'est
donner ou prendre le change. Pour dire
quelque chose qui soit à propos, il faut aller
plus loin & franchir le pas : il faut dire, que
la dépravation de notre Nature par le peché
nous fait paroître les Vérités révélées évidemment fausses. Sans cela, on ne dit
rien qui aille au but. Mais, peut-on avancer une telle proposition? Si cela étoit,
on ne feroit point tenu de croire, parce
qu'il

qu'il feroit abfolument impoffible d'en venir
à bout, quelque effort qu'on fît. Il n'eſt
pas moins impoffible de ſe perfuader ce qui
paroit évidenment faux, que de ſe hair ſoi-
même, que d'aimer le mal comme mal.
Tout cela eſt impoffible de la même eſpèce
d'impoffibilité, & par conféquent tel, qu'il
ne ſe peut que Dieu le commande, & que
nous péchions en ne le faiſant point. Dieu
nous commande pourtant de croire à ſa Parole. La choſe ne nous eſt donc pas abſolument impoffible, & par conféquent ce
qu'on nous propoſe à croire de ſa part n'eſt
pas évidenment faux, du moins quand on
l'a examiné comme on le doit; ou ſi, après
un tel examen, nous trouvions encore évidemment faux ce qu'on nous propoſe à
croire comme révélé de Dieu, c'eſt une
marque aſſûrée, que cette Doctrine ne vient
pas de lui.

A u reſte, ce que nous venons de remarquer touchant l'Averſion invincible de
notre Raiſon pour le faux, connu comme
tel, n'eſt-il pas une nouvelle Démonſtration
que cette Raiſon n'eſt pas ſi corrompuë
qu'on le prétend?

V o i c i une autre Raiſon, qui me paroît
encore bien preſſante contre le ſentiment
que nous combatons. Les Sectateurs de
cette hypothèſe avouënt, ou plûtôt ſoutiennent, que ceux, que la Grace illumine,
triomphent de cette mauvaiſe diſpoſition de
notre Raiſon dépravée, & qu'ils ſe perfuadent ſincérement ce que Dieu a révélé.
Mais, comment le font-ils? Eſt-ce en con-

tinuant

tinuant toûjours de trouver évidenment faux ce qu'ils se persuadent , ou cessent-ils de le trouver tel? Il seroit absurde de dire le premier; car enfin, voir évidemment qu'une chose est fausse, & la croire vraie, sont deux actes incompatibles. Les Fidéles n'aperçoivent donc plus de fausseté évidente dans ce qu'on leur propose comme révélé de Dieu. Ils devroient par conséquent avoir plus de facilité que les autres à répondre aux Objections qui combatent les Mistéres. C'est ce qui n'est pourtant pas, comme nous avons déjà remarqué; car ces Objections ne paroissent pas moins fortes à ceux que la Grace a régénérés, qu'à ceux qui sont encore engagés dans la corruption du péché. Or, c'est ce qui n'est pas concevable dans l'hypothèse opposée à la nôtre. Quoi! cette Grace, qui rétablit nos Facultés dans leur état primitif, qui nous rend aisé ce que nôtre corruption naturelle nous rendoit impossible, laisse à ces Objections toute leur force? Quoi! elle ne les affoiblit point du tout, & ne nous en rend point la victoire plus aisée qu'elle n'étoit naturellement? Rien ne me paroit plus absurde en soi, ni plus injurieux au pouvoir de cette Grace surnaturelle & toute-puissante, qui n'est destinée qu'à réparer en nous les ravages qu'y a faits le péché. Nous avons cependant déjà vû, que le fait est certain, & que les Fidéles, que les Régénérés, ou les Élûs, comme on voudra dire, n'ont pas moins de peine à répondre à ces Objections que les autres. N'est-ce pas une preuve

évi-

évidente que ce que ces difficultés ont d'embaraſſant vient d'ailleurs que de la corruption de la Nature par le péché? Mais,

III. Voici quelque choſe de bien plus fort encore. On voit des Perſonnes, en qui l'on ne remarque aucun veſtige, aucune impreſſion de la Grace, & qui paroiſſent néanmoins être fortement perſuadés des Vérités de la Religion. Ceux dont nous parlons ne témoignent aucun doute à cet égard, & ne font pas grand cas des difficultés qu'on oppoſe aux Miſtéres, pendant que ces mêmes objections font une peine extrême à pluſieurs membres très-diſtingués de la Nation ſainte & du Peuple élû. Comment accorder ce contraſte dans l'hypothèſe que nous examinons? N'eſt-ce pas juſtement le contraire qui devroit arriver, ſi le ſentiment de nos Adverſaires étoit véritable? Concluöns donc encore une fois que ce qui rend ces difficultés embaraſſantes eſt toute autre choſe que la dépravation de nôtre Nature par le péché.

Ce que je viens de dire me paroît ſi évident, que je ne crois pas qu'il ſoit néceſſaire d'en aporter de nouvelles preuves. Cependant, comme il y a des perſonnes qui ſont plus frappées d'une raiſon que d'une autre, & que d'ailleurs la matiére eſt belle & fort importante, nous ajoûtérons encore quelques Réfléxions qui tendent au même but que les précédentes, & cela comme par ſurabondance de droit.

Je dis donc V. que ſi on ne trouvoit fortes & preſſantes les Objections, que la
Raiſou

Raiſon ſuggére contre les Vérités révelées,
que parce qu'on a de l'averſion pour ces
Vérités, il arriveroit infailliblement, que
toutes ces Objections paroîtroient d'une
égale force, puiſqu'elles ſeroient toutes
ſoutenuës & appuïées par ce qu'on veut
qui faſſe cette force, c'eſt-à-dire, par cette
averſion de nôtre Raiſon pour les Vérités
que Dieu nous révélées. Cette cauſe agiroit
toûjours d'une maniére uniforme & également efficace. C'eſt ce qu'on ne voit pourtant pas, ou plûtôt l'on voit le contraire.
Il y a des Vérités révélées, auxquelles on
n'oppoſe rien de fort preſſant. Les Objections même que l'on fait ſur chaque Dogme
particulier ne ſont pas d'une égale force.
Cela n'arriveroit pas, ſi ce qu'on dit de
l'averſion inſurmontable de nôtre Raiſon
pour les vérités révélés étoit véritable.

VI. Diſons encore, que cettte averſion
auroit ſans doute pour objet toutes les Vérités de la Foi également ; ce qui n'eſt
pourtant pas. Il y a un grand nombre de
ces Verités qui ſont crüës par les Juifs,
par les Mahométans, & même par les
Payens. D'ailleurs, chacun éprouve en
ſoi-même, qu'il y a pluſieurs de ces Vérités qu'on n'a aucune répugnance à croire.
De plus, cette oppoſition extrême de la
Nature corrompuë devroit ſur-tout ſe ma-
nifeſter à l'égard des Vérités pratiques qui gê-
nent la cupidité, & qui réfrénent les inclinations charnelles. Et cependant, la Raiſon
goûte ces devoirs, & les Peuples les plus
barbares en reconnoiſſent la juſtice & la né-

 ceſſité.

cessité. Au lieu qu'il y a des Dogmes spé-
culatifs qui n'ont rien d'opposé à la pente
que la Nature corrompuë a pour le mal,
il se trouve pourtant, je ne sai comment,
que c'est contre ces Dogmes que la Raison
dépravée se souleve le plus. Est-il aisé de
rendre raison de cette diversité dans le Sentiment contraire au notre? Pourroit-on nous
dire pourquoi cette maligne influence du péché sur notre Raison, qui l'a si terriblement
prévenuë contre les Verités de la Foi, s'est
uniquement attachée à quelques-unes, & n'a
rien fait à l'égard des autres? Pourquoi
même elle a épargné celles qui lui sont le plus
opposées, & s'est, pour ainsi dire, achar-
née sur quelques autres qui ne choquoient
en rien les penchans de la Nature corrompuë? Avouöns, qu'il n'est pas facile aux
Théologiens qui soutiennent l'hypothèse en
question, ou plutôt qu'il leur est impossible,
de se tirer de ces embaras. C'est ce
qui prouve invinciblement, que la dépravation de la Nature par le peché n'est pas
la veritable cause de la peine qu'on a à
repondre aux Objections qui combatent certains Dogmes de la Religion. Quelle est
donc cette cause? C'est ce que nous tâche-
rons d'éclaircir bientôt.

Mais nous remarquerons encore auparavant, que la dépravation de notre Nature
par le péché est elle-même une de ces matiéres sur lesquelles nous ne devons rien affirmer qu'avec beaucoup de retenuë & de
circonspection. En effet, pour pouvoir déterminer avec quelque précision jusqu'où
s'étend

s'étend cette dépravation de la Nature par
le péché, & quels en sont les effets, il faudroit savoir au juste quel étoit l'état qui l'a
précédé, & jusqu'où s'étendoient les priviléges du premier Homme, en sortant des
mains de son Créateur. Or, c'est-là une
chose très-peu connuë. Il a dépendu de
la libre volonté de Dieu d'accorder plus
ou moins de graces au premier Homme,
& nous ne pouvons savoir ce qu'il a fait
à cet égard que par la Révélation; & elle
s'est si peu expliquée la-dessus, qu'on
peut dire qu'elle n'en a presque point parlé.
Ainsi l'on ne doit pas décider à la legére
que telle ou telle chose est un effet de la
corruption de nôtre Nature par le péché.
Nous venons de voir dans ce Chapitre un
exemple des embaras, où l'on peut tomber par-là, en la personne des Théologiens
qui attribuënt à cette cause la peine qu'on
a de resoudre les difficultés qu'on nous oppose sur les Mistéres.

M A I S, me dira-t-on, si ce n'est pas la
dépravation de la Nature par le péché qui
nous fait paroître ces Objections si difficiles
à résoudre, à quelle cause devons-nous
donc raporter cet effet? C'est sur quoi nous
avons promis de dire un mot. Mais, avant
que de répondre à cette question, il faut ici
faire une distinction qui est fort nécessaire
en cette matiere: ou ces Vérités sont
clairement révélées, ou ce sont seulement
des Dogmes établis par des hommes qui
ont voulu fixer & déterminer le sens qu'on
doit donner à certains Passages obscurs de

P 3

l'Ecril'Ecriture. Dans le premier cas, je dis que les Mistéres ne peuvent jamais être évidenment opposés aux Lumiéres de la Raison. Nous l'avons prouvé fort au long ci-dessus. Ainsi l'on ne peut faire d'Objections absolument insolubles contre ces Mistéres vraiment divins. Autrement, il faudroit dire que la Vérité peut être combatuë par des argumens convaincans, par de véritables démonstrations; ce qui meneroit tout droit au Pyrrhonisme. On peut donc toûjours montrer le foible des argumens qui combatent les vrais Mistéres; & c'est les réfuter suffisamment, que de faire voir qu'il entre dans ces raisonnemens une ou plusieurs propositions, non à la vérité certainement fausses ou équivoques, mais du moins douteuses & incertaines; parce qu'une véritable démonstration doit être composée de propositions claires, certaines, & nécessairement véritables. Ainsi, montrer que les propositions, qui composent un raisonnement, n'ont pas ces qualités, c'est prouver que cet argument n'est pas une vraie démonstration. Or, c'est ce que les Gens habiles, & versés dans la matiére dont il est question, pourront toûjours faire voir à l'égard des Objections qui combatent les Dogmes véritablement révélés.

À la verité, ils ne pourront pas toûjours faire voir la fausseté des propositions qui composent ces argumens, par ce qu'il faudroit pour cela avoir des connoissances que nous n'avons pas. Je touche ici la véritable cause de la peine que nous avons à nous dé-

débarasser des difficultés qu'on oppose contre les Mistéres ; cela vient de ce que nous ne connoissons pas assez les sujets dont il est question. Chacun sait que tout embaraisse les ignorans, & que les difficultés qui paroissent les plus méprisables aux personnes intelligentes, sont inexplicables pour ceux qui n'ont aucune ouverture, aucune lumiere sur un sujet. Or, c'est-là précisément l'état où nous nous trouvons, & à l'égard d'un très-grand nombre de Mistéres de la Nature, & sur-tout à l'égard de ceux de la Foi, qui sont si fort élévés au dessus de nos connoissances. Il est vrai que Dieu nous en a manifesté quelque chose par la Révélation ; mais il est vrai aussi que cette Révélation est très-bornée & très-resserrée. D'ordinaire, elle se contente d'indiquer le fond de la chose, sans en découvrir, ni la maniére, ni aucune des circonstances. D'ailleurs, pour exprimer ce qu'elle avoit à nous dire, elle a été obligée d'emploïer des termes, qui, dans l'usage qu'elle en fait, n'ont pas à beaucoup près le même sens, que celui que nous leur donnons dans nôtre langage ordinaire. En effet, pour nous parler des choses dont nous n'avions point d'idées, & qui par conséquent n'ont point de noms dans le langage des hommes, il a falu nécessairement nous en parler sous l'emblème des choses sensibles & corporelles, & choisir, parmi les choses qui nous tombent sous les Sens, celles qui approchent le plus de la Nature des choses célestes ;

 mais,

mais, comme celles qui en approchent le plus en sont encore bien éloignées, il est évident que ces expressions humaines ne peuvent nous faire connoître les choses divines qu'obscurément & imparfaitement *.
Comment après cela pourrions nous pénétrer ces admirables Sujets? Comment pourrions-nous en avoir des idées distinctes? Et comment, n'en aïant point de telles, pourrions-nous éclaircir les difficultés qui s'y trouvent?

J E

* Ce qu'on vient de remarquer ici montre d'une manière bien sensible, que le Langage de l'Ecriture est impropre & tout à fait métaphorique sur ce qu'on apelle *Mistéres*. Or, les hommes ne sachant pas jusqu'où s'étend, ni même en quoi consiste proprement, le raport ou la ressemblance qui se trouve entre ces sujets inconnus, & les objets que nous connoissons par les Sens, ne s'ensuit-il pas clairement de-là, qu'ils devroient s'abstenir religieusement de prononcer sur des choses qui surpassent si visiblement la portée de l'esprit humain? Si l'on avoit usé de cette sage rétenuë, dans tous les tems, comme on auroit dû, que de controverses, qui n'auroient point vû le jour! que de schismes & de troubles, que de persécutions & de guerres, qui auroient été etouffés avant leur naissance! Ne semble-t-il pas du moins, que l'experience devroit enfin rendre les hommes sages, & leur faire ouvrir les yeux sur les fautes de ceux qui les ont précédés, afin de ne pas tomber dans les mêmes inconveniens? Mais, il n'y a que trop lieu de craindre, que les choses ne continuënt à l'avenir sur le même pied que par le passé.

J E ne dis pas la même chose des Dogmes fabriqués par les Hommes, qui se sont arrogé le droit de fixer & de déterminer le sens qu'on doit donner à des expressions vagues & obscures de l'Ecriture. Comme ces Docteurs peuvent fort bien s'être trompés, & avoir pris l'Ecriture à contre-sens, il se pourroit bien faire aussi que les Articles de Foi qu'ils ont forgés fussent absurdes & contradictoires. D'où il arriveroit, qu'on pourroit faire contre ces Dogmes des Objections véritablement insolubles, & qui en démontrassent la fausseté avec la derniere évidence. Mais, quand cela seroit, que s'ensuivroit-il de-là? Deux choses seulement; la premiere, que ces Docteurs ont mal entendu & mal expliqué l'Ecriture à cet égard: la seconde, qu'il faut abandonner leur sentiment & leur interprétation sur les endroits de l'Ecriture qu'ils ont mal entendus, & dont ils ont abusé, pour en tirer leurs prétendus Dogmes & les ériger en Articles de Foi.

CHAPITRE XX.

Si l'évidence n'est pas une marque certaine de vérité dans les choses qui regardent la Religion.

L ES Théologiens ont fait de tout tems de grands efforts, pour ne pas ressortir au Tribunal de la Raison, & pour se soustraire à sa jurisdiction. Dans cette vûë,

tan-

tantôt ils ont erigé la Théologie en Reine, dont la Philosophie étoit la Servante ; tantôt ils ont soutenu, que ce qui étoit vrai en Philosophie pouvoit être faux en Théologie. Ce qui revient sans doute à la même chose, que si l'on disoit que l'évidence est bien la marque certaine de la vérité dans les choses de la Nature, mais qu'elle peut nous tromper dans les choses de la Religion ; mais il est aisé de faire voir l'inutilité & l'absurdité de cette défaite.

Je veux 1. que cette Supposition ne bannisse pas la certitude du monde ; mais n'est-ce pas assez qu'elle la bannisse de la Religion ? N'est-ce pas ici où la certitude est principalement nécessaire ? Elle fera pourtant cet effet, s'il peut y avoir dans la Religion des choses vraies, quoiqu'elles paroissent évidenment fausses ; car, comme je l'ai déjà dit ailleurs, il est impossible de donner à la certitude d'autre fondement que l'évidence. Si l'on vient donc nous dire qu'il faut bien nous garder de porter nôtre jugement sur les matiéres de Religion, & d'en croire notre Raison, parce que nos Lumieres pourroient nous tromper, & que, quelques claires qu'elles nous paroissent, elles ne sont que tenebres & qu'illusion à cet égard, adieu toute notre Foi. En effet, où en sera-t-on, s'il faut qu'un particulier se défie de sa Raison comme d'un principe ténébreux & illusoire au fait de la Réligion? Ne faudra-t-il pas qu'un Catholique-Romain s'en défie, lorsqu'elle lui dira: *l'Eglise a plus de Lumiéres que moi ; donc je*

dois

*dois plutôt m'en raporter à ſon jugement qu'au
mien ?* N'aura-t-il pas Sujet de craindre de
ſe tromper, & quant au principe, & quant à
la concluſion ? Que fera-t-on auſſi de cet
Argument qui eſt le grand arcboutant de la
Théologie : *Tout ce que Dieu dit eſt vrai :
or il dit telle choſe par Moïſe , par Jeſus-
Chriſt : donc cette choſe eſt vraie ?* Si je n'ai
pas une Lumiére naturelle qui ſoit une Régle ſûre & infaillible par laquelle je puiſſe
juger des queſtions qui regardent la Religion,
n'aurai-je pas lieu de douter de la majeure
de cet argument ? Si je ne puis ſûrement
m'en raporter au temoignage de mes Sens
ſur ces ſortes de matiéres , ne ſerai-je pas
obligé de douter de la mineure. Me voilà
donc tombé dans un parfait Pyrrhoniſme à
l'égard de toutes les choſes qui concernent
la Religion & le Culte que je dois à mon
Createur. Pourrai-je même dans cette hypothèſe m'aſſûrer qu'il exiſte ?

D'AILLEURS, 2, ſi l'évidence eſt comptée
pour rien dans la Religion , pourquoi l'op-
poſons-nous , ſoit aux Athées pour les convaincre de l'exiſtence de Dieu , ſoit aux
Déiſtes pour leur prouver l'immortalité de
l'Ame ou la Providence , ſoit aux Infideles
en général pour leur prouver la Vérité de
la Religion Chrétienne ? Ne ſont-ce pas-là
autant de Sophiſmes qu'on peut diſſiper en
un mot, c'eſt-à dire, en avouänt que tout
ce que nous diſons eſt évident, mais que
l'évidence n'eſt rien ſur ce qui regarde la
Religion. Il eſt donc manifeſte, qu'on ſap-
pe les fondemens les plus fermes de la Religion,

gion, en établissant pour maxime que l'évidence n'est pas une marque certaine de la Vérité à l'égard de ces sortes de choses. En effet, si l'on ne peut compter sur l'évidence en cette matiére, qui m'assûrera qu'il y a dans le Monde un Livre qu'on appelle la Bible, que ce Livre contient tel ou tel Passage, que ces Passages ont tel ou tel Sens, &c.

3. Il y a quantité de choses qui appartiennent à la Nature avant que d'avoir quelque usage dans la Religion. L'eau du Bateme, par exemple, & le pain & le vin de l'Euchariftie, font de ce nombre. Or, la Raison en juge dans l'un & dans l'autre de ces états, & elle en juge de la même maniére & sur les mêmes fondemens. Cependant tous les Théologiens Protestans avouëront, que la Raison ne se trompe dans aucun de ces jugemens. Je sai bien que les Théologiens Romains me nieront que la Raison ne se trompe pas ici, du moins par raport au pain & au vin de l'Euchariftie ; mais nous avons déjà fait voir, que c'est-à-tort qu'ils le nient. Ainsi ils ne peuvent nous empêcher de conclure, que l'évidence, à laquelle tous ces fondemens se raportent, a toûjours la même Certitude. Ceci montre que la raison pour laquelle on ne veut pas que l'on consulte la Raison sur les choses de la Religion, n'est pas solide. On dit que c'est à cause que depuis le péché la Raison est aveugle sur les choses de la Religion : mais, puisqu'elle juge de celles-ci, après qu'elles ont passé de l'ordre de la Nature

à

à celui de la Grace, de la même maniere qu'auparavant ; puis encore que les justes en jugent de même que les pécheurs ; il paroît que cet aveuglement que l'Ecriture attribuë aux pecheurs est toute autre chose que ce qu'on pense.

Q̲u̲a̲n̲d̲ S. Paul nous dit, par exemple, que *l'homme charnel ou animal, n'est point capable des choses qu'enseigne l'esprit de Dieu, qu'elles lui paroissent une folie, & qu'il ne peut les comprendre, parce qu'elles se discernent spirituellement.* 1. aux Cor. II. 14. prétend-on que St. Paul veut dire par-là que l'Homme animal est celui qui refuse de croire des choses qui répugnent au Sens-Commun ; que l'Homme spirituel au contraire est celui qui acquiesce à des contradictions, & que c'est à quoi aboutissent ses Lumiéres spirituelles ? Je croïois, pour moi, que la vraie explication de ce Passage étoit qu'un homme, esclave de ses sens & de ses passions, ne sauroit goûter le prix des biens que l'Evangile nous propose pour l'objet de notre attachement, parce que toutes ses inclinations & toutes ses habitudes l'en éloignent ; & qu'il n'y avoit que les cœurs, que l'esprit de Dieu a rendu véritablement raisonnables, qui en connûssent l'excellence. Mais, à prendre ce passage dans le sens que ceux qui nous l'objectent voudroient lui donner, ne se figureroit-on pas, que les expressions de l'Evangile seroient un assemblage d'énigmes, ou d'hierogliphes, inintelligibles pour tous ceux que l'Esprit de Dieu n'éclaireroit pas intérieurement : de sorte

que

que l'homme animal, selon ce beau Siftè-
me, ne devroit rien entendre dans la Bible
traduite en fa propre Langue, non plus que
fi elle étoit écrite dans une Langue étrangére
& inconnuë pour lui ; au lieu que les Élus
en devroient comprendre le fens, quand on
ne leur prefenteroit que des exemplaires
Grecs ou Hebreux, & quoiqu'ils n'enten-
diffent point ces Langues ? Qui pourroit
adopter de pareilles chimeres ?

4. On ne peut douter que la Raifon, &
fur-tout la droite Raifon, ne foit un préfent
du Ciel, & un des plus précieux Dons que
nous ayons reçus de Dieu, & dont nous
lui devons une éternelle reconnoiffance.
Par conféquent, fi une telle Raifon pouvoit nous jetter dans l'erreur, après que
nous aurions fait tout ce qui auroit dépendu de nous pour l'éviter, ce feroit à Dieu
même qu'il faudroit l'imputer : ce qu'on
ne peut dire fans blafphême. Ainfi, la droite Raifon ne peut nous jetter dans l'erreur.
Ceux, qui foutiennent le contraire, pourroient-ils nous alleguer aucune bonne Raifon pourquoi Dieu auroit voulu que l'évidence ne fût pas une marque certaine de la
Vérité dans les chofes de la Religion, pendant qu'il a voulu qu'elle en fût le caraêté-
re infaillible dans les chofes de la Nature ?
Pourquoi il auroit voulu que les chofes,
qui nous paroiffent évidemment fauffes, fe
trouvaffent cependant véritables, non pas à
la vérité dans la Nature, mais dans la Religion ? Prétendroit-on, que c'eft à caufe
qu'à ce dernier égard Dieu nous commande

de croire ce qu'il nous a révélé? Mais, pourroit-on rien avancer qui fût plus directement opposé à toutes les idées que nous avons de la justice, de la sagesse, & de la bonté de l'Etre suprême? N'avons-nous pas au contraire fait voir clairement ci-dessus dans des Chapitres exprès, auxquels nous renvoïons, qu'il étoit impossible que Dieu nous révélât des choses qui parussent évidenment fausses à la Raison & aux Sens, du moins après qu'ils auroient examiné ces choses avec l'attention requise; ni qu'il nous ordonnât de les croire, vû qu'il nous seroit absolument impossible en pareil cas de lui obéïr, l'homme étant fait de telle sorte qu'il ne sauroit croire le contraire de ce qu'il voit avec évidence?

COMMENT se trouve-t-il donc des Théologiens, qui osent avancer de semblables Propositions? Ne s'aperçoivent-ils pas, que rien n'est plus capable de les décréditer, & de faire perdre, du moins aux personnes sensées, toute la confiance qu'elles pourroient avoir en eux? Car, la prudence veut-elle qu'on s'en raporte pour sa conduite au jugement de ceux qui font profession de renoncer à la Raison, & qui veulent que les autres y renoncent? Qui ne voit qu'un tel principe mene tout droit au Fanatisme le plus outré? Car, si l'on n'écoute plus la Raison, quel autre guide nous restera-t-il que notre fantaisie & nos imaginations? Cet ordre de Théologiens s'imaginent-ils donc qu'on les croira d'autant plus immediatement conduits par l'Esprit de Dieu, qu'ils s'éloigneront davantage

ge des principes de la droite Raiſon? Mais il faudroit qu'ils fiſſent de grands miracles pour nous perſuader une pareille choſe. Encor, je doute que tous les miracles imaginables pûſſent nous faire croire, que deux & deux ne ſont pas égaux à quatre.

5. Les Théologiens de toutes les Sectes ont toujours crû & croïent encor objecter quelque choſe de fort preſſant à leurs Adverſaires, en leur reprochant les abſurdités & les contradictions qui ſont renfermées dans les Dogmes qu'ils enſeignent, ou qui paroiſſent du moins s'en enſuivre néceſſairement : mais, quoi de plus foible que ces ſortes d'Objections, s'il eſt vrai que la Foi puiſſe & doive embraſſer de Dogmes abſurdes, tels que ſont ſans contredit des Propoſitions manifeſtement & évidenment fauſſes? Ceux, qui ſont dans le Sentiment que nous combatons, ne devroient donc pas emploïer de principes ni de raiſonnemens, pris de la Raiſon, contre leurs Adverſaires, puiſqu'ils ne veulent pas ſouffrir que ces mêmes Adverſaires faſſent valoir contre eux les principes les plus évidens de la Philoſophie. Voilà ce que l'équité éxigeroit. Mais, la Vérité eſt que cette grande vertu, qui eſt la baſe de la Societé Civile & de tout le commerce que les hommes ont entre eux, n'eſt pas toûjours fort exactement obſervé dans les Diſputes Théologiques.

Voici du moins la peinture qu'a faite autrefois un fameux Théologien Réformé de la méthode qui n'eſt que trop ordinairement uſitée dans ces occaſions parmi les Gens

de

de sa Profession *. ,, Notre premier soin
,, dans les Disputes, dit-il, est de dérober à
,, la pénétration du Lecteur le véritable état
,, de la question, que nous savons adroi-
,, tement enveloper d'une nuée d'obscurité.
,, Ensuite, nous nions impudemment les
,, choses les plus évidentes; & nous avan-
,, çons, sans la moindre pudeur, celles que
,, nous connoissons pour fausses. Nous
,, soutenons des Propositions manifestement
,, impies, comme les principes fondamen-
,, taux de la Foi; & nous traitons d'héréti-
,, que ce qui est incontestablement ortho-
,, doxe. Nous donnons la torture à l'Ecri-
,, ture Ste., pour l'accommoder à nos rê-
,, veries; & nous nous vantons de l'Auto-
,, rité des Peres, dans le tems que nous
,, n'avons pas la moindre envie d'adopter
,, leur Doctrine. Rien au monde ne nous
,, est plus familier, que d'emploïer des so-
,, phismes contre nos Adversaires, de les
,, accabler de calomnies, & de les décrier
,, par des sobriquets odieux. Pourvû que
,, nous réüssissions à défendre la cause de
,, notre parti, que ce soit par des moïens
,, bons ou mauvais, justes ou injustes,
,, c'est ce dont nous nous mettons fort peu
,, en peine. ,,

C'est ainsi que Zanchius, Théologien
célébre autrefois parmi les Réformés, nous
a dépeint, du moins au raport du Pere
Lab-

* Ce sont du moins les propres paroles que
le Pere Labbe attribuë à Zanchius, dans sa
Dissertat. de Scriptoribus Ecclesiasticis. Tom. II.

Labbe, Jefuite, la méthode que les Théologiens ont coûtume de fuivre, quand ils
expofent & qu'ils réfutent les fentimens de
leurs Adverfaires. Nous ne prétendons
pas dire, à Dieu ne plaife, que tous les
Théologiens foient de ce caractére. Il y en
a fans doute auxquels ce portrait ne convient pas; mais, il faut avouër auffi d'un
autre côté, qu'il n'y en a que trop auxquels il reffemble d'après nature. En effet,
il n'arrive que trop fouvent, qu'on déguife
dans chaque Parti le fentiment de ceux qu'on
y condamne, ou qu'on y veut condamner,
comme errans & comme hérétiques. On
tâche de le faire paroître plus ridicule &
plus odieux qu'il n'eft. On confond avec
le fentiment même les conféquences qu'on
prétend en tirer; quoique ceux, fur le
compte de qui l'on met ces conféquences,
les defavouënt & les nient formellement,
& qu'ils déclarent qu'ils les déteftent autant ou plus que ne font leurs Accufa-
teurs eux-mêmes. Bien plus, il n'eft pas
rare de voir que des Affemblées Eccléfiaftiques toutes entiéres tombent dans les mêmes défauts. Au refte, ce n'eft point la
haine ou l'animofité que nous aïons conçue contre perfonne, & moins encore une
averfion injufte contre une Profeffion très-
refpectable d'elle-même, qui nous fait parler de la forte: nous n'avons ici d'autre
vûë que d'engager, autant qu'il eft en nous,
ceux qui vivent préfentement à éviter des
fautes qu'on n'a que trop lieu de reprocher à un grand nombre de leurs Ancêtres

ou

ou Prédécesseurs. Mais, pour revenir à nôtre Sujet,

Nous ajoûterons enfin pour derniere Raison, que, si l'évidence n'est pas la marque certaine de la vérité dans les matiéres de Religion, il s'ensuit de-là, que les absurdités & les contradictions qu'on aperçoit dans un Dogme ne sont pas des raisons suffisantes pour le faire rejetter. Mais, si les absurdités qu'on remarque dans un Dogme ne doivent pas empêcher qu'on ne le reçoive, il faudra dire, ou qu'on doit admettre toute sorte de Dogmes absurdes sans exception, ou qu'il y en a certains qu'on doit recevoir, & d'autres qu'on doit rejetter. Je ne crois pas que personne ose défendre la premiere de ces deux hypothèses; car, ce seroit confondre & renverser tout: & d'ailleurs il n'y a point de Théologien, de quelque parti qu'il soit, qui ne rejette un grand nombre de Dogmes, à cause des absurdités & des contradictions évidentes qu'il prétend y remarquer. Je ne crois pas non plus, que personne s'avise de soutenir la seconde; car il s'obligeroit par-là d'indiquer quelles sont les absurdités & les contradictions qui doivent faire rejetter un Dogme, & quelles sont celles qui ne doivent pas nous empêcher de l'admettre. Or, il me paroit ridicule de songer seulement à faire une telle distinction, & impossible d'y réussir. Il n'y a donc pas moïen de dire ni l'une ni l'autre de ces deux choses; & par consequent il faut nécessairement convenir que les absurdités & les contradictions, que

Q 2

nous

nous apercevons clairement dans un Do-
me, nous donnent droit de le rejetter, &
que c'est une marque certaine de sa faussèté.

CHAPITRE XXI.

*Où l'on explique le vrai Sens de cette Maxime
Théologique :* Que les Mysteres de la
Foi font bien au deſſus, mais qu'ils ne
font jamais contre la Raiſon.

AVANT que de finir ce Traité, il me
ſemble que nous ne devons pas oublier
de parler d'une Maxime qui a beaucoup de
raport avec la matiére que nous traitons.
Les Théologiens ont ordinairement cette
Maxime à la bouche, & on la trouve ſouvent dans leurs Ecrits. Elle conſiſte a dire
que *les Vérités de la Foi ſont à la verité fort
elevées au deſſus de la Raiſon, mais qu'elles
ne lui ſont jamais contraires.* Je trouve cette Maxime Théologique aſſez ſolide, pourvû qu'elle ſoit bien entenduë & bien expliquée : mais, comme les termes en ſont vagues, obſcurs, & qu'ils peuvent recevoir
pluſieurs ſens, ſur-tout lorſqu'on les énon-
ce de la maniere qu'on fait ordinairement,
& que nous avons expoſée dans le ſommai-
re de ce Chapitre, je crois qu'il ne ſera pas
hors de propos de nous arrêter un peu à
l'éclaircir ; & c'eſt ce qu'on va tâcher de
faire.

LA ſeconde partie de l'Axiome, qui eſt
que les Verités de la Foi ne ſont jamais contre

tre la Raison, est assez claire, & ne souffre pas de difficulté. Chacun la prend au même sens, & on entend par-là que la Raison n'aperçoit jamais clairement & évidem-ment de la fausseté dans ce que Dieu nous a révélé. Je parle ici d'une clarté & d'une évidence métaphisique, c'est-à-dire, telle que le contraire implique contradiction, comme nous l'avons marqué ci-dessus.

MAIS, il n'en est pas de même de la premiere partie de l'Axiome, qui porte que les Vérités de la Foi sont au-dessus de la Raison. C'est ici qu'il y a de l'obscurité, & qu'on ne voit pas nettement ce qu'il faut entendre par-là. Je suis persuadé, pour moi, que le sens de cette premiere partie de l'Axiome est, qu'il peut arriver, & qu'il arrive en effet, que les Verités révélées soient tellement inévidentes, que la Raison, desti-tuée du secours de la Révélation, ne pour-roit pas 1. les decouvrir par la Lumiere na-turelle, avec quelque soin qu'elle s'y appli-quât : &, en second lieu, que, quand même on les lui proposeroit, elle ne sauroit se dé-terminer sur leur verité ou sur leur fausseté ; & qu'elle seroit contrainte, du moins sui-vant les Régles de la Logique & du Bon-Sens, de suspendre son jugement là-dessus, jusqu'à ce qu'on lui fît voir que Dieu les a révélées & marquées, pour ainsi dire, de son seau.

MAIS, si l'on entendoit quelque chose de plus, lorsque l'on dit que les Vérités de la Foi sont au dessus de la Raison ; si on vouloit dire par-là, que, toutes révélées

 qu'elles

qu'elles sont, nous n'en avons aucune idée, & que nous n'entendons point les termes des propositions qui expriment ce que nous en devons croire, comme il semble qu'il y a des Théologiens qui le prétendent à l'égard de certains Dogmes, un tel sentiment ne sçauroit avoir lieu, & se détruiroit de lui-même; car, il s'ensuivroit de-là, que nous ne pourrions avoir aucune Foi explicite sur ces Mistéres, puisqu'on ne peut croire une proposition, si on n'entend point les termes qui la composent, & si on ne sait ce qu'ils signifient, ainsi que nous l'avons déjà fait voir. Or, quand les Théologiens nous disent, que les Mistéres de la Foi sont au dessus de la Raison, leur intention n'est certainement pas de nous exempter de rien croire de Foi explicite sur ces Mistéres. Bien loin de-là, ils ont là-dessus certaines Formules toutes dressées, auxquelles ils prétendent qu'un chacun est obligé de souscrire sous peine de damnation. Il faut donc bien qu'ils croïent qu'on en peut comprendre le sens. Autrement, ce seroit se moquer du Genre humain, que d'oser assûrer d'un côté, que tous les hommes sont obligés de croire certaines propositions sous peine de damnation éternelle, pendant qu'on seroit persuadé de l'autre, qu'aucun d'eux n'y pourroit rien comprendre. Il n'y a donc pas moïen d'admettre le sentiment dont on vient de faire mention, puisque ce seroit détruire d'une main ce qu'on prétendroit établir de l'autre.

Ainsi, quand on dit que la Foi est au dessus de la Raison, il faut entendre sim-

plement par-là, qu'elle enseigne des propositions, dont nous ne pouvons découvrir
la vérité ou la fausseté par la Lumiere de la
Raison, quoique nous entendions fort bien
la signification des termes. Quand on me
dit, par exemple, que *les morts ressuscite-*
ront, j'entens bien les termes de cette proposition, je conçois ce que ces paroles signifient; mais, je ne puis voir par la seule
Raison si cette proposition est vraie ou fausse:
il n'y a que la Foi, qui puisse me l'aprendre.

VOILA donc le vrai sens de la Maxime
en question. Cela veut dire, que la Foi
nous aprend des choses que la Raison ne
nous enseigne pas, quoique celle-ci ne nous
enseigne jamais le contraire de l'autre. Ce
qui suppose nécessairement, comme on voit,
que nous entendons les paroles de la Révélation, & que nous y attachons quelques
idées; car, autrement, que nous enseigneroit-
elle, & que croirions-nous? C'est-là,
dis-je, le veritable sens qu'il faut donner à
cette Maxime, & que lui donnent effectivement la plûpart des Théologiens, & non
pas celui qu'il plait à Monsieur Bayle de lui
attribuër dans ses *Rep. aux Quest. d'un*
Provincial. Tom. II. p. 1000, où il prétend, que, lorsqu'on dit que les Mistéres de
la Foi sont au dessus de la Raison, mais
qu'ils ne sont jamais contre la Raison, on
ne donne pas le même sens au mot de *Rai-*
son dans la seconde partie de cet Axiome, que
dans la premiere. Il se figure, que dans la
premiere partie on entend la Raison de
l'homme, & que dans la seconde on entend

la

la Raiſon en général, telle qu'elle eſt dans d'autres Etres intelligens, & principalement en Dieu. Mais, cet Auteur, tout habile homme qu'il étoit, ſe trompe. On entend par-tout la Raiſon humaine; & il ne faut que lire les Théologiens qui ont parlé de cette Maxime, pour en demeurer convaincu. En effet, il ſeroit ridicule d'entendre ici par le mot de Raiſon autre choſe que la Raiſon de l'homme; car, nous ne pouvons juger de ce qui eſt conforme ou contraire à la Raiſon telle qu'elle eſt en Dieu, que par cette portion qu'il a bien voulu nous en communiquer.

MAIS, ajoute Monſieur Bayle dans le même endroit, *ſi l'on entend dans l'une & l'autre partie de l'Axiome la Raiſon humaine, je ne vois pas trop la ſolidité de la diſtinction; car, les Orthodoxes avouènt, que nous ne connoiſſons pas la conformité de nos Miſtéres avec les maximes de la Philoſophie. Il nous ſemble donc, qu'ils ne ſont pas conformes à notre Raiſon. Or, ce qui ne nous paroit pas conforme à notre Raiſon nous paroit contraire à notre Raiſon; tout de même que ce qui ne nous paroit pas conforme à la vérité, nous paroit contraire à la vérité. Ainſi, pourquoi ne diroit-on pas également que les Miſtéres ſont au deſſus de notre foible Raiſon, & qu'ils ſont contre notre foible Raiſon?*

A quoi je répons, que Monſieur Bayle n'a pas fait une énumeration de parties aſſez complette; car, il peut arriver, non ſeulement qu'une propoſition nous paroiſſe poſitivement corforme, ou poſitivement con-
trai-

traire, à notre Raifon; mais auffi qu'elle ne
paroiffe, ni pofitivement conforme, ni pofitivement contraire, à la même Raifon. C'eft
ce qu'on peut prouver par cet exemple, *le
nombre des Anges eft pair ou impair* : cela eft
certain; mais, ni l'une ni l'autre de ces parties de la disjonctive n'eft, ni pofitivement
conforme, ni pofitivement contraire, à notre
Raifon. Il y a donc une grande différence
entre les chofes que l'Auteur cité compare
comme entiérement femblables, lorfqu'il
dit, que ce *qui ne nous paroit pas conforme
à notre Raifon, nous paroit contraire à notre
Raifon; tout de même que ce qui ne nous paroit pas conforme à la vérité, nous paroit contraire à la vérité.* Car, il n'y a point de milieu entre être conforme à la verité, ou
contraire à la verité Tout eft vrai, ou
faux; il n'y a rien, dont on ne puiffe affirmer l'un ou l'autre : par conféquent, tout
eft conforme ou contraire à la verité. Mais
il y a un vafte milieu entre être conforme
ou contraire à la Raifon. Ce milieu comprend tout ce qui eft inévident pour nous,
tout ce que nous ignorons.

Il en eft en cela de la Raifon comme de
la Foi. Il y a mille chofes qui ne font, ni contraires, ni conformes, à la Foi; par exemple,
tant de faits nouveaux qui arrivent chaque
jour. La Foi fe tait là-deffus, & la Raifon fait la
même chofe fur un grand nombre de Verités
que la Foi reçoit. Chacun fait, qu'il y a trois
Lumieres différentes, que Dieu nous a données pour nous conduire à la connoiffance de
la Vérité, les Sens, la Raifon, & la Foi. Cha-

cune

cène de ces Lumieres nous apprend cent choses que les autres nous laiſſent ignorer. Les Sens nous en apprennent que la Foi ni la Raiſon ne découvrent point ; par exemple, la plûpart des Faits. La Raiſon, à ſon tour, en aperçoit un grand nombre, qui ſont in-connuës aux Sens, & dont la Foi ne parle point : telles ſont les Verités que les Scien-ces humaines découvrent. La Foi enfin en embraſſe qui ſont inconnuës à la Raiſon & aux Sens ; par exemple, que le Genre hu-main ſoit venu d'un ſeul homme & d'une ſeule femme.

A I N S I, chacune de ces Lumieres va plus loin en certaines choſes que les deux au-tres ; &, dans ce qui leur eſt particulier, elles ne ſont, ni conformes, ni contraires, les unes aux autres. Or, c'eſt là ce que ſignifie, ainſi que nous l'avons déjà dit, la Maxime qui porte, que *les Miſtéres de la Foi ſont au deſſus, mais jamais contre la Raiſon:* c'eſt-à-dire, que la Foi peut bien nous enſeigner des choſes que la Raiſon & les Sens ne nous apprennent point, mais jamais le con-traire de ce qu'ils nous apprennent, comme l'a très-bien remarqué Mr. Paſcal dans ſes *Lettres Provinciales.* Voici ſes propres paroles.

L A *Foi dit bien ce que les Sens ne diſent pas, mais jamais le contraire. La Foi, la Rai-ſon, & les Sens, ont leurs objets ſeparés, & leur certitude dans cette étenduë. Et, com-me Dieu a voulu ſe ſervir des Sens pour don-ner entrée à la Foi, tant s'en faut que la Foi détruiſe la certitude de nos Sens, que ce ſe-*
 roit

roit au contraire détruire la Foi que de révoquer en doute le raport fidéle des sens. Cette
Régle est si sûre & si générale, que, quand
l'Ecriture nous présente deux Sens, dont l'un
qui est litteral se trouve contraire à ce que les
Sens & la Raison reconnoissent avec certitude, il ne faut pas prétendre les desavoüer,
pour se soûmettre à ce sens apparent de l'E-
criture: mais, il faut interpréter l'Ecriture,
pour y trouver un sens qui s'accorde avec cette
vérité sensible; parce que la Parole de Dieu
étant infaillible dans les Faits mêmes, & le
raport des Sens agissans dans leur etenduë
étant certain aussi, il faut que ces vérités
s'accordent. Or, comme l'Ecriture se peut
interpréter en des maniéres différentes, au
lieu que le raport des sens est unique, on doit
en ces matiéres prendre pour le véritable sens
de l'Ecriture celui qui convient avec le raport
fidéle des Sens. Si l'on en usoit autrement,
ce ne seroit pas rendre l'Ecriture vénérable:
mais, ce seroit l'exposer au mépris des Infidéles, & leur fermer l'entrée de l'Eglise; car,
les choses de fait ne s'apprennent que par les
Sens.

Voílà ce que la force & l'évidence de
la Vérité a contraint un des plus beaux &
des plus grands Génies du siécle passé d'a-
voüer assez rondement, quelque opposition
qu'il y ait entre ces principes & ceux que
son Eglise est obligée d'établir pour défendre
son Dogme favori de la Transsubstantiation.
Mais, nous croïons que ceux, qui auront lû
cet Ouvrage avec quelque attention, sont
maintenant très-convaincus, qu'opposer la
Foi

Foi à la Raison, & au temoignage des Sens,
sous pretexte d'en relever l'excellence,
c'est la renverser de fond en comble, en lui
ôtant ses plus fermes, ou plutôt ses uniques
appuis. Il n'est pas moins certain non plus,
qu'on ouvre par-là une porte a l'Irreligion,
qu'il n'est plus possible de refermer, qu'en
recouvrant à des principes tout contraires,
comme nous l'avons fait voir en plus d'un
endroit. Ainsi, je ne vois pas que l'on puisse se dispenser d'embrasser le sentiment que
nous defendons, & auquel un aussi grand
homme que Mr. Pascal a été obligé de donner les mains, malgré la politique & l'intérêt de parti, qui sembloient exiger de lui
qu'il soutînt le contraire.

Il est vrai, que les déclamations, que l'on
fait contre la Raison, ne font que trop bien
reçuës par une infinité de gens. Et c'est ce
qui engage sans doute un bon nombre de
Théologiens à faire usage de cette méthode
pour se tirer d'affaire, lorsque les autres
moïens de se defendre leur manquent, &
qu'ils se voïent pouffés à bout; parce qu'ils
n'ignorent pas, qu'ils seront écoutés très-
volontiers par le Peuple qui ne raisonne pas,
& par les Esprits paresseux qui ne font jamais plus ravis, que lorsqu'ils entendent crier
à tors & à travers contre une Faculté, dont
ils n'ont pas envie de faire usage. Mais, les
Théologiens, dont nous parlons, devroient
faire réflexion en même tems, qu'il y a une
autre espece de gens, dont ils ne sauroient
assez se défier, qui saisissent avidement tout
ce qu'il leur échappe de dire contre la Raison,

son, pour s'en servir ensuite à ébranler les
fondemens les plus fermes de la Religion
Chrétienne. Cette espece de Gens si dan-
gereuse, dont je veux parler, sont les Incredules, & tous les Partisans du Pyrrhonisme,
que Dieu souffre sans doute dans l'Eglise,
par la même Raison qu'il laissa autrefois
des Philistins, des Jebuséens, & d'autres
Nations dans la Terre de Canaan, afin qu'ils
fussent un fléau aux côtés, & une épine aux
yeux, de son Peuple, s'il venoit à se detourner de la Vérité de son Culte. Les Théologiens doivent donc être extrémement sur
leurs gardes, pour ne rien avancer qui puisse
donner prise à ces dangereux Ennemis, qui
sont au milieu d'eux.

Il faut l'avouër cependant, l'hypothèse
des Théologiens, qu'on appelle Anti-Rationaux, donne de grands avantages à ces
Gens-là. Chacun sait qu'un fameux Philosophe, mort au commencement de ce siécle, porta des coups dangereux à la Théologie & à la Religion, en faisant semblant
de s'attacher aux Principes, & de soutenir
la Doctrine, du Synode de Dordrecht.

CHARRON, qui étoit en son tems un
des plus zélés Partisans du Pyrrhonisme,
se fonde sur l'Imperfection de nôtre Raison,
pour établir qu'il n'y a rien de plus raisonnable que de demeurer toûjours en suspens,
comme on voit au *Livr.* II. *de sa Sagesse,*
Chap. II. *Combien de fois,* dit-il, *le tems*
nous a-t-il fait connoitre, que nous nous étions
trompés & mescontés en nos pensées, & nous
 # forcés de changer d'opinions? . . . . Il a-
joute

joue un peu plus bas. *C'est la doctrine &*
la pratique de tous les sages, grands, & ha-
biles Esprits, desquels la plûpart & les plus
nobles ont fait expresse profession d'ignorer &
de douter; disant, qu'il n'y a rien de plus
certain que l'Incertitude, que de toutes cho-
ses l'on peut également discourir. . . . . Les
Dogmatistes, & Affirmatifs, qui sont venus
depuis, d'esprit pédantesque & présomptueux,
haïssent & condamnent arroganment cette
Regle de Sagesse; aimant mieux un Affirmatif
testu & contraire à leur parti, qu'un modes-
te & paisible qui doute & surseoit son juge-
ment, c'est-à-dire, un Fol qu'un Sage.

IL voit bien où cela va, & qui ne le
verroit? C'est pourquoi, afin de ne pas s'at-
tirer de mauvaises Affaires de la part d'un
certain Ordre de Gens, dont la colére pouvoit avoir des suites assez redoutables à son
égard, il les adoucit en parlant comme eux,
& en leur abandonnant son exterieur. *Ce-*
ci, dit-il, ne touche point les Vérités divines
que la Sagesse éternelle nous a révélées, qu'il
faut recevoir avec toute humilité & soûmis-
sion, croire & adorer tout simplement; ni
aussi les actions externes & communes de la
vie, l'observance des Loix, Coûtumes, & ce
qui est en usage ordinaire: Non enim Deus
nos ista scire, sed tantum modo uti voluit.
Car, en toutes ces choses, il se faut accorder &
accommoder avec le commun, ne rien gaster
ou remuër. Il en faut rendre compte à au-
trui; mais, les Pensées, Opinions, & Juge-
mens, sont tous nostres & libres.

MON-

MONTAGNE étoit dans les mêmes principes, ou plutôt c'étoit de lui que Charron les avoit appris ; car, celui-ci regardoit le premier comme son Maître, & faisoit gloire d'être son Disciple, & de marcher sur ses pas. Aussi trouve-t-on dans les Ouvrages de l'un & de l'autre les principes les plus favorables au Pyrrhonisme & à l'Incredulité : on y trouve à peu près les mêmes Traits contre la Religion, excepté que Charron, en qualité de Prêtre & de Théologal de Condom, étoit obligé de faire un peu plus la petite Bouche. Mais, pour revenir à Montagne, il se moque des Chrétiens, au *Livr. II. de ses Essais, Chap.* XII. en faisant semblant de les louër. *C'est aux Chrétiens,* dit-il, *une occasion de croire, que de rencontrer une chose incroiable ; elle est d'autant plus selon raison, qu'elle est contre l'humaine raison. Si elle étoit selon raison, ce ne seroit plus miracle ; &, si elle étoit selon quelque exemple, ce ne seroit plus chose singuliére.*

MAIS, tout cela n'est que pur Sophisme, illusion, & moquerie ; car, ce qui nous pousse à croire une chose n'est pas son incomprehensibilité, mais la persuasion, bien ou mal fondée, où nous sommes, que Dieu l'a révélée. Otez cette base, tout tombe par terre. C'est donc déshonorer le sacré nom de la Foi, que d'entendre simplement par-là une facilité à tout croire : c'est en faire une sote & stupide Credulité. Est-il étonnant après cela, que ceux, qui regardent notre Foi comme destituée de preuves & de fonde-

fondemens solides, s'en moquent, & la tournent en raillerie? Ils auroient certainement raison de le faire, si la chose étoit en effet comme ils se l'imaginent. On ne sauroit donc être trop précautionné, pour ne rien avancer qui puisse les entretenir dans un préjugé si faux & si pernicieux à leur propre Salut. On doit même s'emploïer avec zele à détruire tous les principes qui peuvent produire ce mauvais effet. C'est le But qu'on s'est proposé dans cet Ouvrage. Dieu veuille le faire servir à la fin à laquelle on l'a destiné.

F I N.

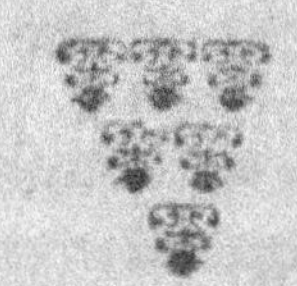